GW01315884

DUMONT

»In ›Sie hat Bock‹ zeigt Katja Lewina kurzweilig auf, wie Rollenklischees uns sexuell verhunzt haben.« BRIGITTE

Was ist sexistisch an unserem Sex?

Katja Lewina hat Bock, und sie schreibt darüber. Wäre sie ein Mann, wäre das keine Ding. So aber ist sie: »Schlampe«, »Nutte«, »Fotze«, »Hoe« … Lewina führt hier die Debatte über weibliches Begehren fort und erforscht entlang ihrer eigenen erotischen Biografie, wie viel Sexismus in unserem Sex steckt. Kindliche Masturbation, Gynäkolog:innenbesuche, Porno-Vorlieben oder Fake-Orgasmen: Kein Thema ist ihr zu intim. Und nichts davon so individuell, wie wir gern glauben.
Und so ist ›Sie hat Bock‹ mehr Empowerment als Anprangern, mehr Anleitung zur Potenz als Opferdenke. Denn nach der Wahrnehmung von Ungerechtigkeiten und Tabus ist es jetzt an der Zeit, den Weg zur Selbstermächtigung einzuschlagen – beim Sex und überall sonst.

Katja Lewina wurde 1984 in Moskau geboren. Nach ihrem Studium der Slavistik, Literatur- und Religionswissenschaften, arbeitete sie als freie Lektorin und im Künstlermanagement. Heute ist sie freie Autorin für namhafte Medien. Zuletzt erschien bei DuMont ihr Buch ›Bock. Männer und Sex‹ (2021).

Katja Lewina

Sie hat Bock

DUMONT

Von Katja Lewina ist bei DuMont außerdem erschienen:

Bock. Männer und Sex

Dieses Buch wurde klimaneutral produziert.

Vierte Auflage 2022
DuMont Buchverlag, Köln

Umschlaggestaltung: Lübbeke Naumann Thoben, Köln
Umschlagmotiv: © plainpicture/Catherine Minala
Foto der Autorin: © Lucas Hasselmann
Satz: Fagott, Ffm
Gesetzt aus der Dante und der Brandon
Druck und Verarbeitung: CPI books GmbH, Leck
Gedruckt auf säurefreiem und chlorfrei gebleichtem Papier
Printed in Germany
ISBN 978-3-8321-6601-4

www.dumont-buchverlag.de

Inhalt

Ein Trinkspruch 9

Ich bin's, Katinka
Was ich über Sex lernte, noch bevor ich wusste, dass es ihn gibt. 17

Gib dem Baby einen Namen
Das Unsichtbare sichtbar machen. 27

Sie hat Bock
Überraschung! Frauen wollen auch ficken. 35

Fresse halten oder Beine breit
Wie es ist, als Frau über Sex zu schreiben. 43

Schlampen und Fotzen dieser Welt vereinigt euch!
Wenn Sexismus und Beschimpfungen Hand in Hand spazieren gehen. 49

Warum nur einen nehmen, wenn man sie alle haben kann?
Casual Sex ist für alle da. 55

Freie Liebe forever
Beziehungen brauchen keine Zäune. 61

Fick sie hart
Ist der Porno noch zu retten? 73

Huren, Böcke und wir alle
Arbeit ist Arbeit. 83

Wer ist hier der Boss?
Unterwerfung darf auch männlich sein. 89

Fifty Shades of Rape
Sexualisierte Gewalt hat viele Gesichter. 97

Ja, ich will
Zustimmung ist sexy. 109

Lass stecken, Alter
Komplimente kommen aus der Hölle. 115

Gut gefälscht ist nicht gekommen
Wann »Fake it till you make it« nicht zieht. 121

Faszination Penetration
Dabei ist Sex viel mehr als nur »Penis in Vagina«. 129

Mund auf
Damit Lecken genauso selbstverständlich wird wie Blasen. 137

Wie Kacken, nur rückwärts
Warum sind bloß alle so heiß auf anal? 141

Alles muss man selber machen
Sogar masturbieren. 147

Toy-Story
Gadgets sind gut. Hände sind besser. 153

Mit Tüte, bitte!
Verhütung geht auch gleichberechtigt. 159

Auf dem Stuhl
*Wie Gynäkolog*innen und Rechtsprechung Frauen für ihre Sexualität bestrafen.* 165

Touched for the very first time
Der Kult um die weibliche Jungfräulichkeit ist noch lange nicht Geschichte. 175

Nicht schlechter als Sperma
Eine Ode an die weiblichen Säfte. 181

Halb Mensch, halb Tier
Schamhaare sind besser als ihr Ruf. 189

Mini-Mumus sind was für Mädchen
Alle anderen können ruhig mal erwachsen werden. 197

Altersweisheiten
Je mehr Falten, desto besser der Sex. 205

Fummeln erlaubt
Was meine Kinder über Sex lernen, noch bevor sie wissen, dass es ihn gibt. 211

Afterhour 217

Dank 219
Zum Nachlesen 221
Bildnachweis 223

Ein Trinkspruch

(... den ich mit Blick auf ein volles 100-Milliliter-Glas Wodka schreibe; wer Lust hat, kippt es hinterher mit mir zusammen weg.)

»Ficken ist Frieden«. Die alte Frau hatte es in bunten Farben auf eine Pappe geschrieben, die sie vor ihrer Brust hielt. Dazu krächzte sie: »Das Wichtigste, das Wichtigste!«, wie etwas, das mit letzter Kraft gerade noch so gesagt werden musste. Die ist doch völlig bescheuert, fand ich. Ich war neunzehn, vor Kurzem erst in Berlin gestrandet und auf meinem ersten Streifzug zum *Sale* bei H&M an der Gedächtniskirche – ich musste es also wissen. Die Stadt war voller Verrückter, das hatte ich schon eine halbe Stunde nach meiner Ankunft verstanden. Aber diese eine schien einen besonders schlimmen Hau wegzuhaben. Warum sonst würde sie in ihrem Alter das Wort »Ficken« benutzen? Überhaupt in der Öffentlichkeit? Und dann noch als Frau? In ihr vereinten sich so viele Widersprüche und Peinlichkeiten, dass meine Beine von allein in Galopp verfielen, nur, um schnell aus dieser Fremdscham-Zone herauszukommen. Und dann endlich bei H&M Spitzen-Push-ups zu shoppen. Ich war ja jung, ich durfte an Ficken denken. Wobei, eigentlich sollte ich mehr nach Ficken *aussehen*, es so wahnsinnig wild *treiben* durfte ich es im Gegensatz zu den Jungs nicht. Ich wollte schließlich keine Schlampe sein. Eine Ungerechtigkeit? Vielleicht. Aber was sollte man gegen Naturgesetze schon ausrichten? Die Alte aber hatte völlig ihre Contenance verloren, jede Würde, die ihr hätte noch bleiben können, nachdem sie das Alter der Fickbarkeit schon vor Jahrzehnten verlassen hatte.

Sie machte sich lächerlich. Und überhaupt: Ficken war nicht Frieden. Ficken war Ficken. Was sonst.

Es gibt nicht vieles, das ich aus meinem Leben erinnere, denn Gott oder ein übereifriger Zufall hat schon bei meiner Entstehung geahnt: Besser ein Sieb als ein Gedächtnis, mit möglichst großen Löchern – sie wird es bitter nötig haben. Aber an Helga Goetze (so hieß die alte Frau, das habe ich grade im Internet nachgeguckt) erinnerte ich mich selbst dann noch, als ich schon längst in einer Kleinstadt in Brandenburg lebte und Push-ups von H&M gleich nach ungebetenen Männerhänden das Letzte waren, das ich an meine Brüste lassen wollte. Es waren fast fünfzehn Jahre vergangen, seit ich sie das erste Mal gesehen hatte. Ich hatte studiert, ein paar Beziehungen gegen die Wand gefahren, Kinder bekommen. Vor allem aber hatte ich jegliche Bestrebungen aufgegeben, im Namen der Ehre meine Beine zusammenzuhalten. Gefällig zu sein. Und verführerisch. Wenn Männer in öffentlichen Verkehrsmitteln die Schenkel spreizen durften im Namen ihrer dicken Eier, dann wollte ich das genau so. Meine Schamlippen (verdammt sein soll er, dieser Name, aber dazu später) brauchten schließlich auch gebührenden Platz. Ich hatte aufgehört, allen 47 Stellen meines Körpers, die eine anständige Frau gefälligst zu enthaaren hat, zu Leibe zu rücken (es sei denn, um es mir selbst zu besorgen, aber auch dazu später mehr). Nun war ich haarig wie ein Kerl, und vermutlich fickte ich genauso wie einer. Nicht, weil mir plötzlich ein Schwanz gewachsen wäre oder ich es nur noch mit Strap-On machen würde (obwohl er mir zugegebenermaßen wirklich gut stünde). Sondern weil ich keine Lust mehr hatte, mich immer und immer wieder *nehmen* zu lassen. Stattdessen nahm ich selbst. Ich sagte, was ich wollte und mit wem. Und weil es mich selbst überraschte, dass das so einfach ging (dass ich das offensichtlich schon immer gekonnt hatte!), fing ich an, darüber zu schreiben. Warum ich keinen Bock habe, mich auf einen einzigen Mann zu beschränken zum Beispiel, oder über Tage, an denen ich nichts anderes mache, als zwischen meinen Beinen rumzuspielen. »Welt!«, schrieb ich also voller Euphorie. »Es ist der Wahnsinn, was da alles geht!« Die Welt schrieb sogar zurück. Ungefähr so: »Iiiiiiiihhh, ist das eklig! Kann die mal bitte die Fresse halten?« Klar, erst hab ich ein bisschen geweint, dann aber zum Glück kapiert: Je mehr sich die Leute von einem Thema angekotzt fühlen, desto mehr sollte man ihnen davon zu riechen geben. Damit sie sich daran gewöhnen. Damit sie sich damit entspannen können. Helga Goetze hatte es genauso gemacht. Hielt Slipper shoppenden Perlenketten-Mütterchen, wichtigen Typen im Trenchcoat und eben ahnungslosen Mädchen ihr »Ficken« vor die Nase. Es war pure Nächstenliebe. Danke, Helga.

Nächstenliebe war es auch, die mich für den *Playboy* einen Essay über mein Geschlechtsorgan schreiben ließ. Immer wieder war ich mit Typen in der Kiste gelandet, die keine Ahnung zu haben schienen, wie eine Frau untenrum so funktionierte. Das lag sicher nicht an mangelndem Willen. Sondern daran, dass weibliche Sexualität etwas ist, über das man im Laufe der Jahrtausende verdammt viel Bullshit verbreitet hat. Und dieser Bullshit ist hartnäckiger als Nagelpilz. Er hält sich auf dem Schulhof, im Aufklärungsunterricht, in den Gesichtern unserer Eltern, in der *Bravo*. In den Serien und Pornos, die wir gucken. In unseren Betten. Er bestimmt unser Begehren, was wir schön finden und was richtig. Wer was darf und wer was nicht. Davon nehme ich mich selbst nicht aus. Auch ich war lange Zeit der Meinung, dass ich als Frau nicht so viel Bock haben sollte wie ein Mann. Dass meine Vulva besser klein und unauffällig ist wie die von einem vorpubertären Mädchen. Dass es völlig natürlich ist, wenn ich öfter blase, als ich geleckt werde. Dass irgendwas in mir kaputt sein muss, wenn ich nicht komme, nur weil ein Schwanz in mir drinsteckt. Und irgendwo hakt es ganz sicher immer noch bei mir.

Der Text wurde recht gut, aber leider konnte ich ihn nicht so ausführlich werden lassen, wie ich wollte – sonst hätten ja die ganzen barbusigen Mädchen keinen Platz mehr im Heft gefunden. Also fragte ich *jetzt*, das junge Magazin der *Süddeutschen Zeitung*, ob die nicht eine Kolumne über all die komischen Dinge haben wollten, die viele von uns über weibliche Sexualität so glauben. Schließlich gibt es viel dazu zu sagen. Und noch mehr, weil Sex nach wie vor Grauzone ist. Nebel. Wir können mit absurd vielen Menschen schlafen, zu jedem einzelnen Porno des Internets wichsen und ganze Bibliotheken über Sex-Techniken leerlesen – und trotzdem sind Gedanken wie »Sie wollte meine Zunge in ihrem Mund, also will sie auch meinen Penis in ihrer Vagina« oder »Er hat eklige Dinge mit mir getan, aber ich bin bestimmt selbst daran schuld« für viele von uns so normal wie der morgendliche Gang zur Toilette. Für den einen deutlich angenehmer als für die andere, das sicher. Aber was sein muss, muss sein. Und vor allem: Bloß nicht drüber sprechen. Genauso wenig wie darüber, dass man keinen hochbekommt oder sich beim Sex so verkrampft, dass nichts und niemand in einen reinpasst. Dass man sich mit etwas angesteckt oder Schiss hat, die eigene Vulva sei zu groß oder der Penis zu klein. Dass Geschlechtsteile Flüssigkeiten absondern oder man Lust auf komische Sachen hat. Dass man überhaupt Lust auf Sex hat. Oder gar keine. Dass man sich fragt, ob man es im Bett bringt oder was das Gegenüber von einem will. Viele von uns schämen sich für so ziemlich alles, was mit ihrem Unterleib zusammenhängt. Das gilt natürlich für Männer wie für Frauen. Die Frauen hat das Patriarchat aber ganz besonders gefickt. Und genau dagegen wollte ich schreiben.

Wir tauften die Kolumne *Untenrum*. Nicht als Reminiszenz an Margarete Stokowski (obwohl die schon sehr vieles sehr treffend gesagt hatte), sondern weil uns verdammt noch mal kein anderes Wort einfallen wollte, das die Gesamtheit von weiblichen Geschlechtsorganen, ihrer Sexualität und den gesellschaftlichen Umgang damit so treffend beschrieb wie eben dieses. Woche für Woche nahm ich mir ein neues Thema vor, ich inhalierte Bücher, recherchierte Studien und Umfragen und soff unzählige Weinflaschen leer. Nicht nur, weil mit einem Glas Wein die abendliche Arbeit besser flutscht. Sondern auch, weil meine russischen Gene nach irgendetwas verlangten, mit dem ich meine Wut runterspülen konnte. Denn so vieles von dem, was ich las, war fucking ungerecht. Anderes wiederum hatte ich schlicht nicht gewusst (und warum zum Teufel hatte man mir das vorenthalten?). Hatte ich mich schon vorher klar als Feministin positioniert, war mein Bekenntnis mit fortschreitender Arbeit auf 120 Pro gestiegen. Frauen hatten nämlich nicht nur seit Einführung des Vaterrechts vor Tausenden von Jahren so wenig Zugang zu Geld, Macht und anderen wichtigen Ressourcen, dass man sich schon fragen könnte, wie sie bis hierher überhaupt überleben konnten – sie hatten offensichtlich noch nicht mal Kontrolle über ihren eigenen Unterleib und noch viel weniger darüber, was Kerle sich alles über ihn ausdachten.

Und schließlich entstand aus der Kolumne dieses Buch[1]. *Sie hat Bock* enthält nicht nur viele der *Untenrum*-Texte in einer überarbeiteten und erweiterten Version, sondern auch einen Haufen anderer Geschichten, die all die Zeit darauf warteten, erzählt zu werden. Alles, worüber ich schreibe, habe ich selbst erlebt. Wenn wir wirklich über Sex reden wollen, müssen wir zuallererst unsere eigenen Hosen runterlassen, denn nur durch das Persönliche wird das Politische überhaupt erst greifbar. Weil aber die Personen, die in meinen Geschichten vorkommen, lieber selbst entscheiden sollen, ob sie von ihren Eskapaden berichten oder nicht, habe ich Namen und Umstände so weit verändert, dass niemand erkannt werden kann.

Jeder dieser Texte kann gut für sich allein stehen, alle zusammen aber ergeben sie Über- und Ausblick in einem: Welchen kollektiven Vorstellungen über weibliche Sexualität gehen wir auf den Leim? Vor allem: welche Alternativen gibt es zu ihnen? Und so ist das Ganze viel mehr eine Anleitung zur Potenz als Rumgeheule. Denn von der

1 Dieser Titel stammt übrigens von Julia Voegelin und Anna Jungen vom SRF. Der Toast nachher geht auch auf sie!

Wahrnehmung von Ungerechtigkeiten und Tabus muss es nicht mehr weit bis zur Selbstermächtigung sein – beim Sex und überall sonst.

Und um gleich Missverständnissen vorzubeugen: Ich fordere weder, dass Männer nur noch Füße lecken und Frauen den ganzen Tag masturbieren sollen (und Gott weiß, dieser Vorwurf wurde mir oft gemacht). Ich bin für die Freiheit – im Einvernehmen mit unseren Partner*innen –, genau das zu tun, was wir tun wollen. Deshalb geht es hier weder um Richtig und Falsch noch um Handlungsanweisungen, und Vollständigkeit reklamiere ich erst recht nicht für mich. Weder stehe ich am Anfang des aktuellen feministischen Diskurses noch an seinem Ende, manches wurde schon gesagt, manches lohnt sich zu wiederholen, manches wird noch gesagt werden müssen. Was ich offeriere, sind Handlungsoptionen, die es sich lohnt zu kennen. That's it.

In meinem neunzehnjährigen Hirn jedenfalls war die Option, dass Helga Goetzes »Ficken ist Frieden« mehr sein könnte als eine fremdschämwürdige Totalentgleisung einer alten Frau, schlicht nicht existent. Vermutlich würde ich »Ficken ist Frieden« nicht mal heute unterschreiben, auch wenn die Verschmelzung von zwei (oder mehr) Menschen ganz sicher zu den göttlichsten Erfahrungen gehört, die wir machen können. Sex wurde über viele Jahrtausende dafür benutzt, um zu unterdrücken, zu beschämen und zu verletzen – und das ist noch immer so. Aber Ficken kann Frieden *werden*. Was wir dafür tun müssen? Nicht die Knie geschlossen halten jedenfalls. Sondern laut sein. Sagen, was wir wollen. Und nicht verheimlichen, was wir tun. Denn Sex ist die normalste Sache der Welt. Wir alle kommen aus einer Möse, und viele von uns wollen wieder und wieder dahin zurück. Warum auch nicht? Das ist unsere natürliche Heimat, und es gibt nichts, was uns daran peinlich sein müsste.

Darum hebe ich jetzt mein Glas auf eine nicht allzu ferne Zukunft, in der sich niemand mehr an all den Helga Goetzes (Gott hab sie selig) dieser Welt stört und Sex etwas ist, das nur dann passiert, wenn alle Beteiligten ein fröhliches »Ja« dazu sagen. Weil nur dann Ficken wirklich Frieden bedeutet.

Auf uns alle!

Ich bin's, Katinka

Was ich über Sex lernte,
noch bevor ich wusste, dass es ihn gibt.

Bevor es richtig losgeht mit dem Eingemachten, finde ich, sollten wir uns besser kennenlernen. Oder eher gesagt, ihr mich, anders herum wird es zugegebenermaßen schwer. Ich könnte jetzt also einen kleinen Smalltalk hinlegen mit all diesem Zeug, ihr wisst schon: »Ich heiße Katja«, würde ich sagen, »bin 35 Jahre alt, wohne in der Nähe von Berlin, habe Mann, drei Kinder und schreibe für dieses und jenes Magazin …« Bla. Bla. Bla. Von mir reden, als sei ich nichts weiter als Zahlen, Daten, Fakten, und zwar bitte nicht allzu intime. Vorzeigbar. Und unverfänglich. Ich könnte es aber auch sein lassen – was ich hiermit zu tun beabsichtige – und stattdessen mein kleines schmutziges Nähkästchen hervorholen. Ich weiß, das ist so nicht üblich. Wer mir also nicht zwischen die Beine gucken will, der*die möge bitte wegsehen. Für alle anderen beginne ich damit, wie alles begann. Was ich über Sex gelernt habe, noch bevor ich überhaupt wusste, dass er existiert. Und warum es sich später so falsch anfühlen sollte, ihn haben zu wollen.

Wir starten die Geschichte in Moskau, einer Stadt, die für das Geschehen keinerlei Relevanz hat und hier nur der Vollständigkeit halber erwähnt wird. Die Erlebnisse meiner deutschen Freund*innen, das erfuhr ich viel später, standen meinen russischen in nichts nach. Wir alle waren kleine Meister*innen der Heimlichtuerei. Aber jetzt mal ganz von vorn.

Ich erinnere nicht vieles aus meiner frühen Kindheit. Aber der Moment, ich muss ungefähr vier Jahre alt gewesen sein, in dem ich mich rittlings auf einer dieser Puppen mit Stoffkörper wiederfand, ist immer noch safe. Ein bisschen Oberschenkelspannung, ein bisschen hin und her rutschen ... Was war denn das bitte? Das fühlte sich ja krass gut an! Leider, leider genau an der Stelle, die man *nie, unter keinen Umständen* anfassen sollte. Nicht mal beim Waschen. Das erledigten immer die Erwachsenen mit schnellen, routinierten Handbewegungen für mich.

Einmal hatte meine Uroma mich, während ich in der Wanne stand, gefragt, wie wir das denn machen, wenn ich mit Papa allein bin. »Na dann wäscht er mich natürlich«, hatte ich gesagt. Die Uroma war sehr unzufrieden mit meiner Antwort gewesen. »Ein Mann darf ein Mädchen da nicht anfassen«, hatte sie gebrummt und mich angeschaut, als hätte ich etwas Verbotenes getan. Ich hatte mich noch Tage später dafür geschämt, dass mein Vater auf die Idee gekommen war, mich zwischen den Beinen zu waschen. Und auf eine nicht näher benennbare Weise auch dafür, dass ich ihm nicht Einhalt geboten, ja, in meiner grenzenlosen Einfalt nicht einmal gewusst hatte, dass ein Mann *das nicht darf*. Nicht mal zu Reinigungszwecken.

Das war also diese merkwürdige Stelle, aber: Mega! *So* konnte die sich also anfühlen! Da kribbelte es in mir und wollte, und das Ganze zog sich bis in die Oberschenkel und den Bauch, der absolute Wahnsinn! Scheiß auf alles, einfach weitermachen! Bis meine Mutter plötzlich in der offenen Tür stand. Ich schreckte aus meiner Verzückung, und meine Mutter erschrak wohl auch. Jedenfalls drehte sie sich wortlos um und verließ den Raum so schnell, als wäre sie nie da gewesen. Augenblicklich entließen meine Schenkel die Puppe aus ihrer Umklammerung. Ich hatte etwas unglaublich Schlimmes gemacht, das wusste ich sofort. Etwas so Schlimmes, dass man nicht mal mit mir schimpfte. Man musste so tun, als hätte es gar nicht erst stattgefunden. So ungeheuerlich war das.

Ich war also vier, als ich zum ersten und letzten Mal in meinem Leben beim Masturbieren erwischt wurde. Es sollte noch sehr lange dauern, bis ich mich so etwas wieder trauen würde. Dafür aber traute sich jemand anderes was. Und das hatte es echt in sich.

Da gab es eine Datscha, weit außerhalb von Moskau. Meine Großeltern hatten ein kleines Grundstück frisch gerodeten Waldes für ihre persönliche Erholung zugewiesen bekommen und arbeiteten über die Sommermonate gemeinsam mit einer Handvoll anderer Glücklicher daran, Baumstümpfe aus der Erde zu zerren, Brunnen zu graben und kleine Holzhäuschen zu bauen. Noch gab es hier kaum Kinder. Genau genommen gab es nur zwei. Mich, eine schmächtige, lungenkranke Fünfjährige. Und den dicken, aber bereits pubertierenden Schenja. »Geh, spiel mit Schenja«, sagte meine Oma, wann immer ich mich auf der Baustelle blicken ließ. Und Schenja ließ es sich gefallen. Es gab ja niemanden sonst. Also streiften wir auf der Suche nach Käfern und Schmetterlingen durch die staubige Siedlung. Oder wir vertrieben uns die Zeit mit einer alten Ausgabe von Robinson Crusoe, aus der Schenja mir vorlas. Die Mittagshitze überstanden wir im Häuschen seiner Großeltern, wo wir uns schrecklich langweilten. Es gab keine Spielsachen, nicht mal Papier und Stifte zum Malen. Schließlich hatte Schenja eine bahnbrechende Idee.

»Weißt du, wo die Babys herkommen?«, fragte er. Was für eine bescheuerte Frage. Klar, wusste ich das. Hatte Mama mir doch letztens noch erzählt: »Aus dem Bauch natürlich!« – »Na ja«, sagte Schenja, »sie müssen ja auch erst mal in den Bauch *hinein*kommen. Und wie *das* geht, hat dir deine Mama bestimmt nicht gesagt!« Hatte sie wirklich nicht. Gab es da etwa ein Geheimnis? Wenn ja, wollte ich es unbedingt wissen. Schenja erklärte: »Es gibt da etwas, das nur Erwachsene machen. Man steckt das eine in das andere, also … mein Dings in dein Dings, zum Beispiel.« Auch mir fehlten die Worte für Dingse, und dennoch wusste ich sofort, was er meinte. *Diese* Dingse!

Mein Herzschlag beschleunigte sich. Die waren wirklich ein Geheimnis. Eins, über das niemand, absolut niemand sprach. Bis auf Schenja. Er war der einzige Aufrichtige. »Wenn du willst, zeige ich dir, wie das geht«, sagte er. Klar, wollte ich. Hallo?! Wenn du schon einmal in deinem Leben die Chance auf Erwachsenendinge hast, musst du sie auch nutzen. So wie letztens, als ich in einem unbemerkten Augenblick einen Schluck aus Mamas Weinglas genommen hatte. Es war todeseklig, aber den Triumph wert gewesen. Augenblickliches Altern um zehn Jahre mindestens, das sollte mir mal einer nachmachen. Trotzdem, das hier war anders. Schlimmer. Weil unsagbarer. Ich wand mich. Schenja aber redete weiter. »Nur, wenn wir das machen, dann muss das unbedingt unser Geheimnis bleiben, ja? Unser gemeinsames Geheimnis. Keiner darf das wissen. Nur du und ich.« Ein Geheimnis mit Schenja zu haben, jemandem, der sich mit mir abgab, obwohl er an der Erwachsenenwelt viel näher war als an meiner, jemandem, der zu *ihnen* gehörte und mich trotzdem einweihte, überhaupt, ein *echtes* Geheimnis zu haben! Bei diesem Gedanken musste ich lächeln. Und natürlich, ich sagte Ja.

Schenja wies mich an, mein Kleidchen hoch- und den Schlüpfer runterzuziehen, dann sollte ich mich auf das Bett legen. Meine Beine hingen von der Bettkante hinab, sie zitterten von der Erwartung dieses Unerhörten, das gleich passieren sollte. Es war nicht zum Aushalten – ich darf das nicht, ich darf das nicht, ich darf das nicht, hämmerte es in mir, und genau das war ja das Aufregende –, also schloss ich die Augen. Das musste jemand anderes sein, ich nicht, auf keinen Fall, ich war ja gar nicht da. Ich hörte seine Shorts auf den Boden fallen, dann, wie er einen Schritt auf mich zu machte. Plötzlich schnitt mich etwas zwischen den Beinen, ein höllischer Schmerz an meinem Dings, ich schrie, riss die Augen auf, und Schenja, der schien genauso erschrocken zu sein wie ich, aber immerhin geistesgegenwärtig. Augenblicklich zog er sich von mir zurück und hielt mir den Mund zu. Hier musste schließlich ein Geheimnis bewahrt werden.

Das war der letzte Tag, an dem ich mit Schenja gespielt habe. Ich hätte ja, echt, er war ein netter Junge, und überhaupt, immerhin hatten wir ein Geheimnis. Ich nahm ihm nicht übel, dass es so schrecklich wehgetan hatte. Vielleicht gehörte das sogar dazu, ich hatte ja keine Ahnung. Die meisten Erwachsenendinge schienen irgendwie schlimm zu sein.

Aber meine Oma, die ließ mich nicht mehr. Warum, sagte sie nicht.

Ich vergaß die Story genau so schnell, wie das Häuschen meiner Großeltern aufgebaut war. Und ich hatte auch wirklich anderes zu tun, als darüber nachzudenken, schließlich stand bald ein Umzug nach Deutschland auf dem Plan. Dahin, wo es angeblich Ananas zu kaufen gab und im Winter die Rosen blühten. Crazy fucking different world sozusagen.

Das erste Jahr in der deutschen Sozialbaukaserne war zäh: Sprache, Regeln, Leben, alles schien mir fremd und undurchdringlich. Und dann waren da noch die dunkelhäutigen Jungs aus den Balkangebieten, die eine*n beim Spielen auf dem Hof als Geisel nehmen und unter einem der Balkone schleppen konnten, so schnell kannste gar nicht gucken. Wo man dann gefesselt und bewacht wurde und auf eine perfide Weise neugierig darauf war, Teil eines brutalen Spiels zu sein, das seine erfahrenen Spieler nicht nur spielten, sondern allem Anschein nach am eigenen Leib erlebt haben mussten. So geht Krieg, das lernte ich mit sechs: Du liegst in einer dunklen Ecke und bekommst kaum Luft, weil dir jemand mit schmutzigen Händen Mund und Nase zudrückt. Und du bist froh, auf der einen Seite zumindest, dass das alles ist, was er macht, und gleichzeitig gespannt, was da noch kommen könnte. Und weil ich diese beiden Gefühle nicht in Einklang miteinander bringen konnte, schämte ich mich und erzählte niemandem davon, wie gemein die Jungs waren und wie sehr ich meine Ohnmacht genoss.

In genau diesem Hof jedenfalls passten mich eines Tages drei Jungs ab, zwei, drei Jahre älter als ich, die nicht vom Balkan, sondern genau wie ich aus Russland kamen. Ob ich nicht ihre Dingse sehen wolle, fragten sie, weiter hinten in der Böschung wäre der ideale Platz dafür. Natürlich wollte ich, schließlich hatte ich noch nie einen gesehen. Ich hatte überhaupt noch nie wirklich ein anderes Geschlecht als mein eigenes gesehen. Natürlich war meine Mutter mal nackt im Bad an mir vorbeigehuscht, ihr aber zwischen die Beine zu stieren war nie infrage gekommen.[2] Dafür quetschten meine Freundin Maria und ich uns Tag für Tag in eine von diesen winzigen Klokabinen im Kindergarten, damit wir uns gegenseitig unsere Schlüpfer zeigen konnten. Aus Russland waren wir schnöde weiße Unterwäsche gewohnt, der goldene Westen bescherte uns nun aber eine unerwartete Vielfalt an Farben, Stickereien und Zeichentrickfiguren – die konnte man doch nicht den ganzen Tag verstecken! Dass das Heimlichkeit erforderte, war stiller Konsens. Schlüpfer waren einfach zu nah dran an diesem einen, nicht mal unter Todesandrohung zu erwähnenden Organ. Und vermutlich war auch genau dieser Umstand der Grund für unser ausgeprägtes, aber im Grunde lahmes Schlüpfer-Interesse. Nun aber sollte es richtig zur Sache gehen. Ich war bereit.

»Du musst deine Hose aber zuerst runterlassen, das ist die Bedingung!«, forderte der Wortführer. Ich nestelte nervös an meinem Hosenbund rum. Ganz geheuer war mir das nicht. Andererseits: Das war vielleicht meine einzige Chance, die konnte ich nicht einfach so vorbeiziehen lassen. Also schob ich tatsächlich die Hose an meiner Hüfte runter, bis sie mir zusammen mit einem rosa Arielle-Schlüpfer in den Kniekehlen hing. Es war einer der ersten grauen Früh-

2 Okay, ich gebe es zu, diese Story evoziert vor allem bei meinen ostdeutschen Freund*innen heftigste Lachkrämpfe. Die haben im Gegensatz zu meinen sowjetischen Augen am FKK-Strand schon Dinge gesehen, da konnten sie noch gar nicht richtig gucken.

lingstage, und meine nackten Beine froren erbärmlich. Einige Sekunden standen wir still da: ein gänsehäutiges Mädchen ohne Hose umkreist von drei Jungs, die perplex davon zu sein schienen, dass das grade wirklich passierte. Dass ich mitgemacht hatte. Sie alles sehen konnten, was sie sehen wollten. Und dass nun sie an der Reihe waren. »Jetzt ihr«, sagte ich also. Im Gesicht des Wortführers zuckte es. Aber er fing sich schnell. »Wir sind doch nicht bescheuert«, sagte er, lachte das fieseste Lachen, das jemals jemand in dieser Böschung gelacht haben konnte, und rannte mit seinen Jungs davon. Und ich, ich stand noch ein bisschen da rum und schämte mich.

Und irgendwann, dritte Klasse oder so, war es so weit. Ganz offiziell sollten wir Kinder nun alles wissen. Unser Lachen brach aus uns heraus, auch wenn wir unsere Münder mit Händen verdeckten, es runterschlucken wollten – es gluckste weiter und weiter. S-E-X-ualkunde – Muahahahah! Da kam doch tatsächlich dieses Wort drin vor. Nirgendwohin konnte man gucken in dieser U-Formation von Schultischen, überall Augen, die zu Boden wollten, aber die Körper, die zuckten unkontrolliert vor Anspannung. »Ruhe jetzt!«, brüllte die graugesichtige Frau Röder, als ob sie nicht wüsste, wie aufregend S-E-X war, wie verboten und peinlich. Dass man darüber kein Wort verlieren durfte, dass höchstens der große Bruder von irgendjemand mal was von »Ficken« erzählt hatte, ohne selbst zu wissen, was das überhaupt war, wie das ging und warum man das machen sollte. Was mit Scheide und Penis, so viel war klar. Körperteile, die es eigentlich gar nicht geben sollte, fand ich. Dann bräuchte man sich auch nicht so sehr für sie zu schämen.

Meine eigene Scheide wusch ich inzwischen jeden Abend eigenhändig mit Seife. Das hatte mir meine Mutter so beigebracht, aus gutem Grund, wie ich vermutete. Es musste ein schrecklich schmutziges Organ sein. Jetzt würde uns endlich jemand erklären, was es mit diesem ominösen S-E-X auf sich hatte! Kleine Schauer überrannten meinen Körper, in der Bauchgegend zog es sich zusammen wie auf einer Achterbahnfahrt, und im Kopf machte es »Oh mein Gott, oh mein Gott, oh mein Gott!«. Obwohl man sich um mich herum endlich beruhigt hatte, hörte ich kaum etwas von dem, was Frau Röder sagte. »Scheide«, ja, »Penis«, okay, »Kinderkriegen«, hab ich mitbekommen, dann noch was und noch was und schließlich »steckt der Mann seinen Penis in die Scheide der Frau«. Etwas Brennendes zerplatzte in meinem Magen.

Still lief ich auf dem Nachhauseweg neben meiner Freundin Alex her. »Was ist denn?«, fragte sie, als es ihr zu blöd mit mir wurde. Ich sah auf meine billigen Turnschuhe hinab. Rechts, links, rechts, links, rechts, links. Egal. Zum allerersten Mal erinnerte ich mich wieder an Schenja. *Das* war es also gewesen. »Ich glaube«, flüsterte ich, »ich habe das schon mal gemacht.«

Und immer so weiter. Und immer so fort. Das alles ist zwar nicht universell, aber immer noch sehr symptomatisch. Solche Dinge passierten und passieren so oder ähnlich noch heute überall auf der Welt, und seien wir ehrlich, die meisten von euch haben auch ein paar solche Stories zu erzählen.

Darüber, wie beiläufig Kinder lernen, dass die Erforschung bestimmter Teile unseres Körpers tabu ist, und damit auch, diese Teile abzulehnen. Wie schnell sie kapieren, dass sie über ihre Empfindungen lieber die Klappe halten. Wie körperliche Grenzüberschreitungen normal werden. Wie Jungs sich Dinge rausnehmen und Mädchen stillhalten. Wie Handlungen, die jeglicher sexuellen Absicht entbehren, von Erwachsenen sexualisiert und auf diese Weise künstlich mit Bedeutung aufgeladen werden – eine Bedeutung, hinter deren Geheimnis man dann doch unbedingt kommen *muss*, wenn das eigene Hirn nicht gerade entscheidet, diese Dinge komplett ins Unbewusste zu verdrängen.

S-E-X. Gibt es ein Wort, egal in welcher Sprache, das uns heftiger zusammenzucken lässt? Das es schafft, sich in einem unlösbaren

Widerspruch zwischen heiß, so wahnsinnig heiß und absolut ekelerregend zu bewegen, egal wie alt wir werden?

Das alles sind Zuschreibungen von Erwachsenen, die Angst vor ihrer eigenen Sexualität haben. Und sie machen aus Kindern genau solche Erwachsenen, wie sie es selbst sind. Menschen, die sich vor ihrem Geschlecht ekeln. Die andere fürs Vögeln verurteilen. Die sich für ihre eigene Geilheit schämen. Die Gewalt mit Sex verwechseln.

»Alles im Leben dreht sich um Sex. Nur beim Sex, da geht es um Macht.« Kennt ihr, oder? Damit wird der arme Irre Oscar Wilde von all denen zitiert, die auch mal etwas Geistreiches über die menschliche Sexualität sagen wollen. Also quasi von jeder*m.

Dabei wäre vor allem der zweite, eigentliche Teil seiner Botschaft der allergrößte Bullshit, wäre er nicht, genau wie die meisten von uns, Produkt oben genannter Erziehung. Denn beim Sex – zumindest wenn er halbwegs frei ist von all dem Schmutz und den Verboten –, da geht es nicht um Macht. Sondern um das genaue Gegenteil.

Was, könnt ihr nicht glauben? Keine Bange, konnte ich früher auch nicht. Kommt noch. Also hoffentlich.

Gib dem Baby einen Namen

Das Unsichtbare sichtbar machen.

Am Anfang war das Wort. Und das Wort war … Es gab keins!

Wenn ich mich bei meinen Freundinnen so umhöre, dann gibt es in unserer Alltagssprache keinen einzigen Begriff, den auch nur eine von ihnen gern für ihr Genital verwenden würde. »Ähm, öh, hm, warte …«, machen die, bevor sie mir erzählen, was sie schon alles durchgenommen haben. Genau wie sie habe ich Begrifflichkeiten wie Latex-Fummel, Dirndl, Pluderhosen anprobiert, um zu sehen, was zu mir passt. Mit immer den gleichen Ergebnissen: zu abwertend, zu pornös, zu kindlich, zu abwegig. Dabei ist es nicht so, dass wir keine Auswahl hätten. Was können wir nicht alles sagen zu dem, was wir zwischen den Beinen haben. Zum Beispiel …

… Muschi

Kommt ursprünglich vom Kosewort für »Katze«, denn, wer will es leugnen, unser Genital ist mindestens genau so niedlich, zart und weich wie ein kleines Mini-Mini-Kätzchen (Miau!). Einen Extra-Niedlichkeitspunkt gibt es wegen des »i«s am Ende. Okay, und jetzt alle: Wer will da schon an kleine Mädchen denken?

… Pussy

Die englische Muschi ist phonetisch eigentlich auch recht niedlich. Aber dann auch wieder nicht, schließlich war's der Porno, der sie in unsere Alltagssprache gespri… äh, gebracht hat – sexuelle Doppelbotschaft in a nutshell.

... Mumu

Kinderausdruck, der an blökende Kühe auf der Weide denken lässt.

... Möse

Schon wieder Katze! Vermutlich jedenfalls. Möse könnte nämlich gut von Mutz kommen, so genau weiß das allerdings keiner. Was man hingegen weiß, ist, dass Möse nicht ganz so sehr nach Kindergarten klingt. Eigentlich überhaupt nicht, wenn man bedenkt, dass sie sich auf »böse« reimt.

... Fotze

Schlimmer kann's eigentlich nicht kommen. Nee, nicht nur, weil sie sich auf »Kotze« reimt. Über ihre Etymologie (Achtung, Wortspiel!) scheiden sich zwar die Geister, ihr Obszönitäts- und Beleidigungs-Potenzial würde aber niemand ernstlich infrage stellen. Im Bayerischen heißt Fotze übrigens auch Mund, passenderweise, denn Lippen, die haben wir ja auch unten.

... Yoni

Kommt aus dem Sanskrit und wird von vielen Frauen aus dem alternativen Milieu verwendet, nachdem sie es vermutlich auf einem Tantra-Seminar oder dergleichen aufgeschnappt haben. Immer noch zu brav, zu esoterisch, zu Kamasutra.

Und dann gibt es immer noch die gute alte »Vagina«. Zwar klingt sie trotz ihrer schönen Wortmelodie mehr nach medizinischem Untersuchungsbesteck als nach wahrem Leben, ist aber immerhin ein Wort, das man ohne zu erröten in den Mund nehmen kann. In unseren Sprachraum hat es der italienische Anatom und Chirurg Matteo Realdo Colombo im Jahr 1559 gebracht, als er es in seinem anatomischen Werk *De Re Anatomica* veröffentlichte. Er fand das lateinische Wort für »Scheide« überaus passend, schließlich sei das derjenige Ort, »in den der Spieß eingeführt wird wie in eine Scheide«.

Doch wer nun denkt, damit sei das Problem gelöst, liegt leider falsch. »Vagina« ist mitnichten die richtige Bezeichnung für das weibliche Geschlechtsteil – auch wenn sie nur allzu oft dafür verwendet wird. »Vagina« bezeichnet streng genommen nur einen Schlauch, nämlich die Verbindung zwischen unserem äußeren Geschlechtsteil und der Gebärmutter, ergo den *unsichtbaren* Teil unseres Geschlechtsorgans. Das Problem dabei: Was wir meist meinen, wenn wir drüber sprechen, ist der *sichtbare* Teil, also die äußeren und inneren Lippen, die Klitorisperle und der Vaginaleingang. Das alles ist die Vulva. Aber benutzt dieses Wort jemand? Kaum.

Stattdessen verwenden wir kollektiv mit erschreckender Regelmäßigkeit ein Wort, das etwas *Unsichtbares* meint, um etwas *Sichtbares* zu verbalisieren. »Damit wird nicht nur der gesamte sichtbare Teil des weiblichen Genitals sprachlich unsichtbar, es hat so auch keine eigenständige Bedeutung mehr, ist nur ein Loch, in das der Mann sein Genital stecken kann, oder, um im Bild zu bleiben: eine Scheide für sein Schwert«, schreibt die Kulturwissenschaftlerin Mithu M. Sanyal in ihrem Buch *Vulva. Die Enthüllung des unsichtbaren Geschlechts*. Das weibliche Geschlecht bleibt also eine Leerstelle, die nur in Beziehung zum Penis existiert.

Sprache ist ein Instrument der Macht und gleichzeitig Spiegel der Machtverhältnisse. Durch Benennung bewerten wir und verleihen Bedeutung. Mit anderen Worten: Etwas, für das es keine präzise Bezeichnung gibt, wird gesellschaftlich kaum Anerkennung erfahren. Und der Mangel an Worten macht es uns schwer, darüber zu reden: Eins von vier fünfzehnjährigen Mädchen hat keinen Begriff auf Lager, mit dem es das weibliche Genital benennen könnte – so machen uns Sprachlosigkeit und die Scham, die sie im Gepäck hat, noch heute die Beziehung zu unserem eigenen Körper schwer.

Auch in unserer Bildsprache ist die Vulva im Gegensatz zum Penis bislang kaum existent. Das fängt schon bei den antiken Statuen an, die uns bei jeder Gelegenheit ihre Nacktheit präsentieren: Die Männer haben einen Penis (zugegeben, er ist winzig, aber *immerhin haben sie einen*), die Frauen hingegen haben … ein Tuch davor! Als ob die sich alle damals gesagt hätten: Nee, kann man nicht zeigen, ist zu krass.[3] Same Story, als die NASA 1972 die Raumsonde Pioneer ins All entsandte. Für den Fall einer Begegnung mit außerirdischen Lebensformen wurde auf eine Metallplakette die Abbildung zweier nackter Menschen eingraviert. Der Mann hatte selbstverständlich einen Penis zwischen den Beinen, die Frau hingegen nichts – nicht mal den Ansatz eines Schlitzes. Und auch wenn wir den heute nicht mehr verleugnen, geht es selbst in den meisten Aufklärungsbüchern nur um die Aushöhlung, in die der Mann sein Ding reinsteckt. Als ob es bei Sex nur um Fortpflanzung ginge und uns der ganze Rest gestohlen bleiben könnte.

Doch langsam, sehr, sehr langsam ändert sich das. Letztes Jahr zum Beispiel war meine Straße plötzlich voller Vulven. Unter der Futterluke des Pizzaladens, neben dem Eingang zum Getränkemarkt, auf Mauern, Litfaßsäulen, Stromkästen – jede Ecke hatte ihr eigenes, lebensgroßes Exemplar bekommen. Irgendwer hatte sie über Nacht mithilfe einer Schablone aufgesprüht. Klar, die wütenden Hausbesitzer*innen machten sich sofort daran, ihre Fassaden mit grimmigem Blick zu übermalen. Doch die kleinen bunten Graffiti hatten es da bereits ins Internet und damit in die Ewigkeit geschafft.

Und sie sind nicht allein. Dem*der aufmerksamen Zeitgenoss*in wird kaum entgangen sein, das Vulven und Klitorides (jep, so geht der Plural von »Klitoris«) in letzter Zeit auf allem Möglichen zu finden sind: Sie zieren nicht nur Hausfassaden, sondern auch Gehwege und Statuen. Außerdem Ketten, Sticker, Baumwollbeutel, ganze Mode-Kollektionen und die Beine von Popsternchen. Instagram-Accounts beschäftigen sich mit nichts anderem als aufge-

3 Kommt daher vielleicht auch die Fetischisierung der weiblichen Unterwäsche, der Reiz des kunstvoll Verhüllten – während sich beim Mann keine Sau für die Farbe seiner Boxershorts interessiert?

schnittenen Grapefruits und Kartoffeln in Vulva-Form. In London wurde im November 2019 das erste Vagina-Museum der Welt eröffnet (nicht zu verwechseln mit dem bereits existierenden virtuellen Vagina-Museum der österreichischen Künstlerin Kerstin Reinar). Und in größeren Städten findet jede Willige einen Workshop, in dem sie einen Gipsabdruck von der eigenen Vulva machen lassen kann.

Weibliche Geschlechtsteile, wohin man blickt und hört. »Drehen die Frauen denn nun völlig am Rad?«, fragt so manch eine kritische Stimme. »Müssen sie den Blick der Öffentlichkeit denn wirklich zwischen ihre Beine lenken? Ist schließlich eine intime Stelle.« Der Philosoph Slavoj Žižek widmete seiner Empörung über diese neue feministische Freizügigkeit gleich einen ganzen Artikel im Feuilleton der *Neuen Zürcher Zeitung*. »Soll denn nun auch alles Erotische entzaubert werden? In was für langweiligen Zeiten leben wir eigentlich?«, fragte er. Würde die Vulva entfetischisiert, so seine Theorie, käme das einem Aus für die erotische Spannung zwischen den Geschlechtern gleich. Am Ende würde die Sexualität noch ganz und gar unterdrückt! Oder, mit Margarete Stokowskis Worten: »Schwierig, da noch einen hochzukriegen.«

Ja, in was für Zeiten leben wir eigentlich? Vielleicht in solchen, in denen unverlangte Dick-Pics für Frauen früher oder später so unvermeidlich sind wie ein Tritt in Hundescheiße. In denen Männer und Jungs schon immer ihre Penisse an Klotüren, Häuserwände und Spielplatzgerüste geschmiert haben, Frauen und Mädchen ihre Vulven jedoch nie. In denen jede*r von uns einen einwandfreien Penis malen kann, aber die wenigsten eine Vulva hinbekommen. Und in denen wir bei so ziemlich jeder Gurke und jedem Hochhaus »Hö hö, Phallus!« denken, eine Computermaus aber nie mit einer Vulva vergleichen würden.

Das alles sind nur Symptome eines tiefer liegenden Problems, das unsere Gesellschaft seit sehr, sehr langer Zeit mit dem weiblichen Geschlecht hat.

In ihrem Buch *Vulva* stellt Mithu Sanyal haufenweise Geschichten aus den verschiedendsten Mythologien vor, in denen die Vulva die Menschheit rettet. »Es gab den festen Glauben, dass Frauen, indem sie ihre Röcke heben, Tote erwecken und sogar den Teufel besiegen konnten. Das weibliche Genital war ein heiliger und heilender Ort«, schreibt Sanyal. Kein Wunder, dass Frauendarstellungen aus prähistorischer Zeit meist mit überdimensionierten Vulven versehen sind. Doch mit dem Übergang zum Patriarchat und später dann zu einem männlich-monotheistischen Gott wandelte sich der Umgang mit dem weiblichen Geschlecht. Nun galten Frauen, die mit ihrer Fähigkeit, Kinder zu gebären, in direkter Konkurrenz zum Leben erschaffenden Gott standen, als sündig und schmutzig. Auf diese Weise wurde die Vulva laut Sanyal »[...] mit gewaltiger Anstrengung zuerst diffamiert und daraufhin verleugnet, bis zu der irrigen und irren Annahme, sie sei nicht der Rede wert.«

Wer das jetzt übertrieben findet, muss nur ein bisschen in den Werken der einflussreichsten Denker der Welt herumblättern. Jean-Paul Sartre beispielsweise beschreibt das weibliche Sexualorgan in *Das Sein und das Nichts* als Loch, das danach ruft, ausgefüllt zu werden – und bewegt sich damit ganz auf einer Linie mit Sigmund Freud, der es vor allem als Leerstelle definiert.

Hallo? Das zwischen unseren Beinen ist ein eigenständiges Organ und kein Loch, das darauf wartet, durch einen Mann gefüllt zu werden! Es besteht aus einer Vagina und aus einer Vulva, und die beiden sollten ebenso wenig verwechselt werden wie Penis und Hoden. Das ist eine Frage des Respekts. Reden wir also von Vagina, wenn wir Vagina, und von Vulva, wenn wir Vulva meinen.

Am besten wäre es natürlich, es gäbe ein Wort, mit dem man die Gesamtheit unseres Untenrums beschreiben könnte. Und zwar eins, das schöner ist als »Genital«. »Vulvina« wäre so eine Kreation, ein Mischwesen aus – man errät es – »Vulva« und »Vagina«. Die Aktivistin Ella Berlin brachte es im Jahr 2012 in die Welt, doch so richtig durchsetzen konnte es sich nicht. Vielleicht, weil es schlicht zu niedlich ist für das krasse Gerät, das es bezeichnen soll. Ganz sicher aber, weil es Kunstworte, die nicht organisch, sondern auf dem Papier entstanden sind, eh nicht leicht haben.

Versuche in Richtung Umbenennung gab und gibt es übrigens auch bezüglich der »Schamlippen«. Schließlich kombiniert dieses absurd schreckliche Wort einen Teil des weiblichen Genitals mit »Scham«, so als ob wir uns dessen schämen müssten. Überraschung, dass wir es in der Konsequenz dann auch wirklich tun! Und so sprach die feministische Sexpertin Dr. Laura Méritt, ebenfalls 2012, in ihrer Neuauflage des Klassikers *Frauenkörper neu gesehen* auch schon gar nicht mehr von »Scham-«, sondern nur noch von »Charme-Lippen«.[4] Ohne Zweifel ein guter Move, und doch blieb auch er nicht breitenwirksam genug. Aber dann kam die Journalistin Dr. Gunda Windmüller, klemmte sich Mithu M. Sanyal unter den Arm und startete im Herbst 2018 gemeinsam mit ihr eine Online-Petition: Aus »Schamlippen« sollten »Vulvalippen« werden, und zwar ganz offiziell und mit Duden-Eintrag. Die Presse überschlug sich, das Internet rief Juche – jetzt bleibt nur noch zu hoffen, dass sich dieser wirklich sinnige Begriff auch tatsächlich etabliert.[5]

Sprache verändert sich schrecklich langsam, und am Ende werden es wohl eh erst unsere Töchter sein, die ein Wort finden, mit dem sie sich wirklich wohlfühlen. Noch sagen meine Kinder »Muschi«, das haben sie aus dem Kindergarten mitgebracht, aber lange wird es das nicht mehr tun. In der Hoffnung auf eine bessere Zukunft

4 Außerdem wies sie darauf hin, dass auch »kleine« und »große« Lippen völlig irreführende Begriffe sind – denn es ist nun einmal so, dass die »kleinen« oft länger sind als die »großen«. Ihr Vorschlag: Sinnvollerweise von »inneren« und »äußeren« Lippen reden, damit sich die Mehrheit der Frauen, deren »kleine« Lippen die »großen« sind, sich nicht merkwürdig vorkommen. Und genauso mache ich das auch.

5 In ihrer Petition stellen Windmüller und Sanyal übrigens auch – halbwegs ironisch, wie ich vermute – den Begriff »Charmehaar« zur Disposition.

habe ich schon mal die »Vulvalippen« ins Rennen gebracht. Mit dem Ergebnis, dass meine elfjährige Tochter nach dem Anatomie-Grundkurs im Aufklärungsunterricht erklärte, das Wort »Schamlippen« wäre diskriminierend. Yesssss, sage ich da nur.

Und hey, so zum Schluss, falls ihr es vergessen haben solltet: Der Körperteil, von dem hier die ganze Zeit die Rede ist, kann uns auch ganz ohne Penetration durch ein Schwert, respektive einen Penis, glückselig seufzen lassen.

Also bitte, bitte nie wieder »Scheide« sagen – außer, wenn ihr euch mal so richtig kaputtlachen wollt!

Sie hat Bock

Überraschung! Frauen wollen auch ficken.

Schlampe. Nutte. Fotze. Hoe. Hier mal eine winzige, willkürliche Auswahl der Beschimpfungen, die mir in den letzten paar Jahren zuteilwurden. Was ich Böses angestellt habe? Ich habe darüber geschrieben, wie es ist, wenn man nicht nur mit dem eigenen Mann ins Bett geht, sondern auch gern mal was nebenher laufen hat. Offene Beziehung nennt man das, und eigentlich sollte dieses Modell im nicht mehr ganz so jungfräulichen 21. Jahrhundert kein Problem mehr darstellen. Noch nie waren wir im Ausleben unserer Sexualität so frei wie jetzt: Jede*r darf mit jeder*em. Und zwar alles. Immer. Niemand verlangt in Mitteleuropa ernstlich von einer Frau, unberührt in die Ehe zu gehen. Keuschheitsgürtel kommen allerhöchstens noch als erotisches Spielzeug zum Einsatz. Und wenn der Typ Blasen super, aber Lecken doof findet, kann er sich bald eine andere suchen. Es gilt: Gleiches Recht für alle. Zumindest tut es das auf dem Papier. Da sind wir alle schrecklich aufgeklärt und fortschrittlich und egalitär. Doch unsere Köpfe, die stecken kollektiv im finstersten Mittelalter fest. Sonst würden Geschichten von einer Frau, die gern mit anderen rummacht, nichts als müdes Gähnen provozieren. Stattdessen wird ihr im besten Fall moralische Verkommenheit attestiert. Und im schlimmsten ein psychisches Problem.

»Wenn über Frauen von heute und ihre Sexualität berichtet wird, so wird sie meist mit einer Art Hurerei in Verbindung gebracht«, schreibt die britische Feministin Laurie Penny in ihrer Streitschrift *Fleischmarkt*. Weibliche Sexualität als normaler Bestandteil des Lebens scheint in der öffentlichen Wahrnehmung nicht zu existieren. Entweder die vögelnde Alte ist völlig außer Rand und Band, und damit im gesellschaftlichen Abseits, oder sie bewegt sich innerhalb der Norm und tut es allerhöchstens mit dem »Richtigen«. Weibliches Begehren – was zum Teufel soll das sein?

Passend dazu kriegen wir auch immer die gleichen Storys serviert: *Er* würde ja öfter, wenn *sie* wollte. Aber sie will halt nicht. Hat viel im Kopf oder PMS, mag lieber kuscheln, und morgen müssen sie ja auch wieder so früh raus. Unsere kollektive Vorstellung von Verlangen ist eindeutig: Der Mann hat Lust, die Frau eher nicht. Auch Umfragen bestätigen diese Theorie immer wieder. 57 Prozent der Männer machen es sich mindestens ein Mal die Woche selbst, aber nur 29 Prozent der Frauen. 48 Prozent der Männer denken täglich an Sex, aber nur 16 Prozent der Frauen. Das weibliche Geschlecht scheint wohl tatsächlich nicht mit so einem intensiven Trieb ausgestattet zu sein, alles andere ist eine Anomalie. Oder?

Ironischerweise war man vor ein paar Hundert Jahren noch völlig anderer Meinung. In ihrem genialen Comic über die Kulturgeschichte der Vulva, *Der Ursprung der Welt,* beschreibt die Autorin und Comiczeichnerin Liv Strömquist ein uns heute unbekanntes Bild: »Vor der Aufklärung, z. B. in der Antike, wurde nämlich die Frau als fleischeslustig, zügellos und triebgesteuert angesehen, während man Männer als fähig erachtete, sich selbst zu kontrollieren und hoch edle, platonische Freundschaftsbeziehungen zu unterhalten.« In der christlichen Tradition sieht es nicht viel anders aus. Hier war es Eva, die Adam mit dem Apfel verführte und fortan für die weibliche Sündhaftigkeit stand, vor der der Mann sich dringend in Acht zu nehmen hatte. Notfalls war er auch derjenige, der ihr Einhalt gebieten musste. Der Prophet Hesekiel beschreibt zum Beispiel ein besonders lüsternes Weib mit diesen Worten: »Und sie hatte Verlangen nach ihren Liebhabern, deren Glieder wie die Glieder der Esel und deren Erguss wie der Erguss der Hengste waren.« (Hes 23,20–21; revidierte Bibel-

Einheitsübersetzung 2016). Und Gott darauf so: »Man [...] gebe sie der Misshandlung und der Plünderung preis. Die Volksversammlung soll sie steinigen und mit ihren Schwertern in Stücke hauen. Ihre Söhne und Töchter soll man töten und ihre Häuser im Feuer verbrennen.« (Hes 23,46–47; EUE). Easy.

Auch in den Zeiten der Hexenverfolgung bediente man sich oft dieser Argumentation. Im *Hexenhammer* wird die Anfälligkeit der Frauen für Hexerei mit ihrer abartig großen Lust begründet: »Alles geschieht aus fleischlicher Begierde, die bei ihnen unersättlich ist. [...] Darum haben sie auch mit den Dämonen zu schaffen, um ihre Begierden zu stillen.« Klassischer Fall von sexuellen Versagensängsten bei den Herren Inquisitoren, würde ich sagen. Wer Frauen per se als so triebhaft abstempelt, dass da kein normaler Penis mehr mithalten kann, muss natürlich Dämonen herbeifantasieren, die den Job erledigen. Damals glaubte man auch, der beste Weg zu einer Schwangerschaft sei der gleichzeitige Orgasmus von Mann und Frau. Also gab es Ratschläge, wie man die Frau, dieses gierige Stück, davon abhalten könne, *vor* dem Mann zu kommen. Hört sich in einer Zeit, in der einem ständig erzählt wird, wie wahnsinnig schwierig es für Frauen sei, den Orgasmus zu erreichen, an wie ein schlechter Scherz. Ist aber keiner!

Erst mit der Aufklärung wandelte sich das Bild von der Frau als lüsterner Verführerin zur libidobefreiten Vernunftsträgerin. Im 19. Jahrhundert überboten sich die Wissenschaftler dann gegenseitig mit Erkenntnissen über die angeblich kaum vorhandene weibliche Sexualität bis hin zur »sexuellen Anästhesie«. Mit einem Mal wurden Frauen nicht mehr als triebgesteuert, sondern als den Männern moralisch überlegen betrachtet. Doch die Idee von der gefährlichen, verführerischen Frau blieb gleichzeitig bestehen, sodass sexuelle oder sonstige Fehltritte sie immer noch zur »Hure« machen konnten.

Heute ist das nicht viel anders. Da reicht schon oft ein zu tiefer Ausschnitt oder ein blödes Gerücht, und schwupps bist du eine

Schlampe. Seit einigen Jahren hat das Runtermachen von Frauen für ihr tatsächliches oder vermeintliches sexuelles Verhalten auch einen Namen: *Slut-Shaming*. Und das erfreut sich weiterhin größter Beliebtheit, zum Beispiel auch nach sexuellen Übergriffen. Nicht umsonst müssen sich Frauen, die so etwas anzeigen, in den allermeisten Fällen darauf gefasst machen, dass ihr Wort mit jeder Ausschweifung, egal, wie unwichtig sie in diesem Kontext auch ist, an Gewicht verlieren wird.

Aber was ist denn nun wirklich mit der weiblichen Lust? Nachdem sie über Jahrtausende hinweg Objekt männlicher Theorien und Zuschreibungen war, können sich Frauen doch inzwischen selbst dazu äußern – in Umfragen zum Beispiel. Doch was dabei rauskommt: »Sex? Nicht so wichtig.« Womit dann auch alle Klischees mal wieder bestätigt zu sein scheinen. Was wir aber gerne vergessen, ist, dass solche Befragungen die Rechnung ohne unsere Sozialisation machen. Und die sieht nun einmal genau dieses Ungleichgewicht vor: Frauen wollen weniger, Männer wollen mehr.

Wir wissen, welche Antwort die sozial erwünschte ist. Und die lautet nicht: »Ich hab's mit der gesamten Fußballmannschaft getrieben, und ja, es hat Spaß gemacht!« Also machen wir uns instinktiv weniger umtriebig, als wir sind – oder vielleicht gerne wären. Weil wir genau wissen, was das für unseren persönlichen Status bedeutet: Je weniger Kerle eine Frau über sich drüber lässt, desto mehr ist sie wert.

»Wenn du einen Schlüssel hast, der in jedes Schloss passt, hast du den Master-Key. Wenn du aber ein Schloss hast, in das jeder Schlüssel passt, hast du einfach nur ein billiges Schloss!«, so eine vielzitierte, aber jedes Mal aufs Neue brechreizfördernde Volksweisheit. Riecht ihr ihn auch, den widerwärtigen Gestank der Doppelmoral? Aufwerten auf der einen Seite, abwerten auf der anderen. Eine Frau, die promiskuitiv ist, will keiner haben. Schließlich hängt ihr Wert davon ab, wie viele Schwänze sie *nicht* in sich hatte. Außer im Porno natürlich. Da besteigen sie sie gleich zu mehreren, in jedes Loch mindestens einen. Oder sie spritzen zu zehnt nacheinander in sie rein und auf sie drauf, und genau das ist der Unterschied zwischen dem wahren Leben und dem Porno, zwischen Realität und Sehnsucht: in dem einen werden promiskuitive Frauen verachtet, im anderen sind sie Wichsvorlagen mit Abspritzgarantie. Nicht wenige Männer teilen Frauen auch im Real Life nach der Heilige-und-Hure-Kategorie auf in »Würde ich heiraten« und »Würde ich ficken«. Kein Wunder also, dass so viele von ihnen heimlich fremdgehen müssen.

Aber schauen wir uns unser Narrativ über die Sexualität der Geschlechter doch mal genauer an: Männer dürfen (und sollen) immer wollen. Da sind sie evolutionsbiologisch schon fast zu gezwungen, schließlich will die Natur, dass sie ihren Saft so weiträumig wie möglich verspritzen. Frauen dürfen grundsätzlich auch wollen (da wollen wir mal nicht so sein). Aber bitteschön nur in einer festen Beziehung. Weil sie von Natur aus liebes- und schutzbedürftig sind und überhaupt nur an den potenziellen Nachwuchs denken.

Wie sehr uns dieses Narrativ in unserem eigenen Verlangen (und unser Erzählen davon) prägt, zeigt der US-amerikanische Autor Daniel Bergner in seinem Bestseller *Die versteckte Lust der Frauen* anhand der Auswertung verschiedener Studien. Zum Beispiel, dass die allermeisten Frauen beim Porno-Gucken weniger Hornyness zugeben, als in ihrer Vagina gemessen wird – sie im Gegenzug aber wesentlich leichter erregbar sind als Männer (tatsächlich fahren sie, fast unabhängig von ihren eigenen sexuellen Präferenzen, auf so ziemlich alles ab, wenn sie entsprechende Filmchen gezeigt bekommen – hetero, homo, bi, mit Tieren … Jaaa, da staunt ihr, was?). Dass sie gerne mal weniger Sexualpartner angeben, als sie tatsächlich hatten (und das Ergebnis sich verändert, wenn man ihnen erklärt, sie an einen Lügendetektor angeschlossen zu haben). Und dass sie innerhalb weniger Jahre die Lust auf ihre Langzeitpartner verlieren (wenn sie also ihre Ehemänner irgendwann nicht mehr ranlassen, dann nicht unbedingt, weil sie grundsätzlich keinen Bock haben – nur halt nicht auf den Kerl, der schon seit zwanzig Jahren ihr Bett warmfurzt).

»Sexuelle Allesfresser«, attestiert Bergner der weiblichen Sexualveranlagung und leitet daraus zwei fast schon blasphemische Thesen ab: Erstens, dass Frauen – und nicht Männer – das lustvollere Geschlecht, und zweitens, dass sie nicht für die lebenslange Monogamie gemacht seien. Dass sie in der Mehrheit trotzdem auf diesem Liebesmodell als Ideal beharren, sei darauf zurückzuführen, dass sie sich ihre Lust nicht eingestehen. Vielleicht nicht einmal von ihr wissen.

Und warum nicht? Weil sie immer und immer wieder hören, dass eine anständige Frau (im Gegenteil zur »Schlampe« übrigens) keine große Lust *hat*.

Ich will jetzt niemandem die Jahrtausende währende Unterdrückung durch das Patriarchat unter die Nase reiben. Okay, irgendwie will ich's *doch*. Denn vor diesem Hintergrund scheint es fast schon plausibel, dass solche hungrigen Allesfresserinnen von Master-Key-Besitzern und denen, die es gerne wären, domestiziert werden mussten. Ist ja auch gruselig: Können immer, kommen mehrfach, wollen mit allen. Und dann muss man am Ende auch noch das Balg eines anderen aufziehen. Nee, das mit dem Rumvögeln soll sie mal schön sein lassen, die billige Schlampe. Zugegeben, wir sind auch schon weit gekommen in dieser Hinsicht: Früher wurde man auf dem Scheiterhaufen verbrannt, heute ist man halt billig. Ist schon nicht mehr ganz so schlimm alles.

Gleichzeitig prasseln aus allen Ecken perfekte, oder sagen wir: normschöne Frauenkörper auf uns herab. Wenn sie sich in den sozialen Medien nicht gerade selbst in vorteilhaften Posen ausstellen, wird halt der hinterletzte Staubsauger von einer halbnackten, von Photoshop gepimpten Schönheit beworben. »Wir leben in einer Welt, die den unwirklichen weiblichen Körper anbetet und echte weibliche Macht verachtet. Diese Kultur verurteilt Frauen dazu, immer so auszusehen, als seien sie verfügbar, während sie nie wirklich verfügbar sein dürfen, und zwingt uns, sozial und sexuell konsumierbar zu erscheinen, während wir selbst sexuell so wenig wie möglich konsumieren sollen«, schreibt Laurie Penny.

Kein Wunder, dass wir bei all diesem Hin und Her kaum spüren können, was *wirklich* bei uns los ist. Wo unsere Lust anfängt, wo sie aufhört und was wir verdammt noch mal überhaupt wollen. Ich zum Beispiel dachte lange, ich hätte einen schlimmen Fehler im System, nur weil ich mehr Bock auf Sex hatte als die meisten meiner Partner. Und so regulierte ich mich in jeder Beziehung aufs Neue so weit herunter, bis sich zwischen meinen Beinen überhaupt nichts mehr regte. Andere Frauen lassen sich in den Mund, den Hintern oder sonst wie vögeln, obwohl sie es hassen. Oder spielen einen Höhepunkt nach dem anderen vor, weil sie mehr an ihren Typ denken als an sich selbst. Sie simulieren Lust, wo keine ist. Denn funktionieren sollen wir in der Kiste ja trotz alledem, am besten so wie die Chicks aus dem Porno, und wenn eine von uns nicht kommt, hat sie ein Problem.

In ihrem Buch *Das beherrschte Geschlecht. Warum sie will, was er will* beschreibt die Psychologin Sandra Konrad sehr plastisch, wie weibliche Sexualität seit Jahrtausenden von Männern so weit domestiziert wurde, dass keine*r von uns mehr weiß, was Sache ist – bis hinein in unser angeblich so wahnsinnig aufgeklärtes Heute.

Sie meint, die Sexualität der Frauen sei größtenteils nicht befreit, sondern durch eine »Maskulinisierung der weiblichen Lust« der männlichen angepasst worden. »Sie will, was er will«, so wie eben auch der Untertitel ihres Buchs lautet. Möglicherweise stimmt das sogar für manche Frauen. Die, die meinen, dass Gesichtsbesamung die einzig würdige Art für einen Mann zum Kommen ist, deren Brüste vor Stolz über die imposante Anzahl ihrer Stecher schwellen, die verfügbar mit lustvoll verwechseln.

Das Ding ist: Wenn es sie gibt, dann sind sie eine Mini-Mini-Minderheit, von deren Angehörigen ich noch keine persönlich getroffen habe. Wo sind all die jungen Frauen, deren sexuelle Freiheit angeblich »ein Imageprodukt, ein It-Accessoire« ist? Dieses Mädchen will ich kennenlernen, das mit der Anzahl seiner Liebhaber*innen vor versammelter Mannschaft prahlt, ohne gleich mit dem Stempel »Dorfmatratze« (auf dem Land) oder »Bitch« (in der Stadt) versehen zu werden. Ich würde vor ihm und seinem Umfeld auf die Knie fallen und Halleluja! rufen. Nicht weil es rumvögelt. Sondern weil es dazu steht. Und weil es von niemandem dafür verurteilt wird.

Halten wir fest: Was wir wollen und was nicht, liegt unter einer dicken, krustigen Schicht Sperma begraben. Wir sollten dringend anfangen, sie abzukratzen.

Fresse halten oder Beine breit

Wie es ist, als Frau über Sex zu schreiben.

Wenn man einen Text wie den vorangegangenen im Netz veröffentlicht, kann man sehr viel Spaß haben (höhöhö). Denn der große Vorteil, den Online-Medien im Vergleich zum Print haben, ist: Man schaut geradewegs in die Herzen der Leser*innen. Zugegeben, was man da sieht, ist nicht immer angenehm. Die meiste Zeit ist es sogar ziemlich grässlich. Es scheint nämlich so zu sein, dass man als Frau lieber nicht das Maul aufmacht. Anderenfalls fällt einer sofort eine Horde ungefick..., äh, ungewaschener Trolle und ihrer Freundesfreunde ins Wort, die alles Gesagte umgehend zerhacken wollen. Ganz recht, hier fehlt das Gendersternchen, denn es sind ganz einfach in den allermeisten Fällen Männer, die abwertend kommentieren. Vielleicht, weil sie es grundsätzlich gewohnt sind, sich lauter zu echauffieren als Frauen. Meine Vermutung ist aber: Weil sie es nicht ertragen können, wenn ihnen jemand ohne Pimmel die Deutungshoheit streitig macht.

Der bisher amüsanteste und prominenteste solcher Fälle war Harald Martenstein (der selbstverständlich kein Troll, sondern ein hochwohlgeborener Mann in den besten Jahren ist). Er widmete mir gleich eine ganze Kolumnenfolge im *ZEIT Magazin*, was mich zugegebenermaßen auch ein bisschen mit Stolz erfüllte. Schließlich werde ich nicht jeden Tag von solch intelligenten Typen wie ihm hochgenommen (nicht zu verwechseln mit »durchgenommen«, das passiert durchaus häufiger, ich stehe nämlich auf Schlaue). Jedenfalls zerpflückte er einen Text von mir, in dem ich meinen Versuch beschreibe, mich 496 Mal in einem Monat selbst zu befriedigen: Ein Mal an Tag eins, zwei Mal an Tag zwei und so weiter. Entstanden war diese Idee als Reaktion auf die mediale Dauerpräsenz des Themas »Wichsen«. Oder eher gesagt: Sich einen von der Palme wedeln. Denn von weiblicher Rumwichserei war nie die Rede, die schien – wie immer – quasi nicht vorhanden zu sein. Als irgendwelche Spaßvögel also 2017 auf den *No Fab November* den *Destroy Dick December* folgen ließen, dachte ich, halb im Scherz: Okay, ich mach mit, wird ein großartiger Text. Heißt der bei mir halt *Destroy Dildo December*, Hauptsache Phallus. Harald Martenstein also machte seine gewohnten Witzchen mit mir, und zuerst musste ich sehr lachen, denn es war ja Martenstein und eine Ehre. Doch schon nach ein paar Sätzen wurde er mir unerträglich. Es war der Höhepunkt von #metoo, einer Zeit, in der jeder Tag mit neuen Enthüllungen über systematischen Machtmissbrauch, Sexismus und Übergriffe durch Männer begann. Und Martenstein? Machte sich über Sätze wie »Meine Pussy gehört mir« lustig. Stichelte in Richtung *Süddeutsche Zeitung*, die meinen Text auf ihrer Website veröffentlicht hatte. Und legte mir wärmstens ans Herz, mit diesem ganzen »Irrsinn« aufzuhören.

Martenstein steht damit nicht allein. Er spricht für eine Armada von Menschen, die finden, überschwängliche, subjektive Erzählungen von Sexualität gehörten nicht in die seriöse Presse, sondern höchstens in Schmuddelblättchen, die man unter der Ladentheke durchreicht. Menschen, die unter jedem meiner Texte fordern, die Redaktion (welche auch immer das gerade ist) möge mich doch endlich feuern und zu ihrem gewohnten Niveau zurückkehren.

Den Gefallen hat ihnen zum Glück noch niemand getan. Nur dieses eine Mal spürte ich ein leichtes Schlittern: Als meine Replik auf Martensteins Kolumne bei *jetzt* ungefähr zwanzigtausend Korrektur- und Rückspracheschleifen mit Chef*innen und Oberchef*innen und Rechtsabteilungen durchlief. So viele Umstände machte man sich sonst nie.

Aber solch hoher Besuch ist in meinem Reich der Obszönitäten in der Tat selten. Die meisten von denen, die irgendetwas wie »Ich will so einen Dreck nicht lesen müssen!«, »Verpiss dich, du Fotze!« und »Alter, ist die hässlich« in die Kommentarspalten schmieren, sind vermutlich ganz normale Typen. Noch vermutlicher sind das aber auch genau diejenigen, die sich bei dem Anblick einer leicht bekleideten jungen Frau zu einem beherzten Griff an deren Hintern provoziert fühlen. Aber das alles sind nur Mutmaßungen. Was ich hingegen ganz sicher weiß, ist, dass sie beide, auch wenn sie sich in ihrer Wortwahl unterscheiden, aufs Gleiche hinauswollen: einer Frau, die sich artikuliert, den Mund zu verbieten. War ja auch schön all die Zeit, als Typen die einzigen mit der Deutungshoheit über die weibliche Sexualität waren.

Und dann gibt es da noch diese anderen Männer. Männer, die sich etwas ganz anderes mit meinem Mund ausmalen. »Wie wär's mit einem diskreten Treffen?«, »Du siehst aus, als ob man mit dir Spaß haben kann«, »Ficken?« schreiben sie in ihren PNs oder beschreiben gleich en détail, was sie alles mit mir anstellen würden, stünden sie mal vor meiner Tür. Wenigstens bekomme ich im Gegensatz zu anderen Kolleginnen keine Dickpics. »Das ist, weil du dich auf Instagram so unsexy machst«, erklärte letztens ein Bekannter. Es war mir gar nicht bewusst gewesen, aber: Seit ich gemerkt habe, wie die Leute selbst auf meinen nackten Rücken oder eine unrasierte Achsel abgehen, achte ich tatsächlich darauf, keine Bilder zu posten, die Verfügbarkeit transportieren. Eigentlich schwachsinnig, mich derart von irgendwelchen Idioten determinieren zu lassen. Aber für den Moment zumindest macht es mir das Leben leichter. Nach wie vor nämlich zieht jeder einzelne meiner Texte solche Nachrichten nach sich, und jedes Mal frage ich mich: WARUM? Wie kommt auch nur ein einziger Typ darauf, ich könne – völlig aus dem Nichts – Interesse an ihm haben? Ohne irgendeinen Bezug zu ihm, ohne ihn zu kennen oder irgendetwas über ihn zu wissen. Außer höchstens, dass er Sixpack, Sexhunger oder Rechtschreibschwäche hat (oder manchmal auch alles zusammen).

»Die Lewina schreibt übers Vögeln, ergo ist sie auch spitz auf mich« – so oder so ähnlich muss die Grundprämisse all dieser Typen lauten. Die Idee, dass eine Frau zwar über Sex spricht, aber es darum noch lange nicht mit allem macht, was ihr vor die Füße fällt, hat in ihren vermutlich nicht besonders ausgereiften Hirnen keinen Platz. Für sie ist eine Frau, die den Mund aufmacht, schon qua definitionem eine Hoe.

Ich habe meinen Künstler*innennamen ja schon oft verflucht (immer diese Erklärungen!). Aber wenn ich an die ganzen Typen denke, die mich gern mal zu Hause besuchen kommen würden, bin ich ganz froh, dass ich damals, als ich meinen ersten Text veröffentlichte, an meinen armen Vater dachte. Und mir flugs ein Alter Ego namens Katja Lewina zulegte. Inzwischen liest zwar meine gesamte Familie die Details meines Liebeslebens regelmäßig im Internet nach, meinen Künstler*innennamen habe ich aber trotzdem behalten. Er ist mein Schutz, mein letztes bisschen Distanzierungsmöglichkeit. Frauen, die unter ihrem Klarnamen darüber schreiben, was sie in der Koje so alles treiben, helfen sich wenigstens mit Postfächern in anderen Städten. Wir sind nicht viele, die sich freiwillig den unangenehmen Begleiterscheinungen des Sich-nackig-Machens ausliefern. Und ohne jeglichen Puffer all diesen Idioten ausgeliefert sein, das will erst recht keine von uns.

Liebend gern würde ich an dieser Stelle über die paradiesischen Zustände berichten, unter denen Männer ihr Sexleben für die Öffentlichkeit aufbereiten. Nur: Welches Sexleben? Konsultiert man das Internet, findet man höchstens als Aufreißtipps getarnte Belästigungsversuche von irgendwelchen Pick-up-Artists oder Anleitungen à la »So bringst du sie so richtig zum Spritzen«. Gut geschriebene, ehrliche Texte, die über männlichen Größenwahn hinausgehen, kann ich an einer Hand abzählen. Während in den letzten Jahren mehr und mehr Frauen anfangen, sich medienwirksam mit dem auseinanderzusetzen, was zwischen ihren Beinen passiert, scheinen die Männer einfach bei business as usual stehen geblieben zu sein. Oder sich, im gegenteiligen Fall, überhaupt nicht zu regen – aus der Befürchtung heraus, wegen #metoo nichts mehr über ihre Pimmel sagen zu dürfen.

Dabei bräuchten wir, um das öffentliche Bild vom Mann als immergeilen Fast-Vergewaltiger zu relativieren, genau das: Typen, die über ihre Männlichkeit sinnieren, über ihre Komplexe und Ängste, über gesellschaftliche Erwartungen und natürlich über ihre Lust.

»Man wird ja wohl noch fragen dürfen, wenn man eine Frau scharf findet«, werden einige von euch vielleicht finden. Und klar, fragt ruhig. Aber halt in Situationen, in denen auch nur der Hauch einer Chance auf Gegenseitigkeit besteht. Bei Tinder meinetwegen, im Kitkat oder im Bordell. Fragt eure Ehefrau. Eure Affäre. Oder eure Hand. An allen anderen Stellen ist es schlicht Belästigung.

Meine Texte (und die thematisch verwandten Erzeugnisse von anderen Menschen mit Uterus) sind kein hochgereckter, schnipsender Zeigefinger, der »Hier! Ich! Ficken!« ruft. Sie sind auch keine Einladung zu erotischen Chats und kein Angebot für private Aufklärungsnachhilfe.

Wenn ihr zu meinen Texten masturbieren wollt, bitte schön. Aber behaltet das doch einfach für euch.

Schlampen und Fotzen dieser Welt vereinigt euch!

Wenn Sexismus und Beschimpfungen Hand in Hand spazieren gehen.

Die ersten Male tat es noch weh.

In der Neunten zum Beispiel, da waren wir gerade frisch an den Rand des sozialen Brennpunkts gezogen. »Ey, du Fotze, siehst du wieder scheiße aus!«, bellten die Prolljungs auf meinem Weg zur Bushaltestelle. Jeden verdammten Morgen. Ich hatte keine Ahnung, was ich falsch gemacht hatte – außer neu in der Gegend zu sein und keine drei Zentner Billigschminke im Gesicht zu tragen. Diese kleine Machtdemonstration hatte nicht im Entferntesten etwas mit mir als Person zu tun, das war mir klar. Trotzdem erwischte mich dieses Wort tief in meinen Eingeweiden. Immerhin war es das Schlimmste, was irgendwer zu einer Frau sagen konnte. Ich hätte gerne nachgefragt, aber ich hatte tierische Angst, eins auf die Fresse zu kriegen (meine Vorderzähne hatte ich mir schon als Grundschulkind ausschlagen lassen), also hielt ich meine Klappe und lief einfach nur, so schnell ich konnte.

Oder dann in der Zwölften. »Der Andi sagt, du bist 'ne Schlampe«, steckte mir eine Freundin auf der Stufenfahrt, nachdem sie mit besagtem Andi rumgeknutscht hatte. Ich weiß bis jetzt nicht genau, ob das von ihrer Seite ein freundlicher Hinweis oder ein unfreundlicher Seitenhieb war. Möglicherweise war es sogar beides, gepaart mit der Erleichterung, selbst um dieses Label herumgekommen zu sein. Mein Magen begann sofort zu brennen. Panisch fing ich an durchzurechnen, mit wem ich alles in der letzten Zeit so angebandelt hatte. Okay, das waren nicht wenige gewesen. Möglicherweise ein paar mehr als üblich. Außerdem gab es da noch meinen Freund ... Aber es hatte doch solchen Spaß gemacht! Und jetzt wurde ich dafür bestraft. Selbst Schuld, befand ich, und verkroch mich für den Rest des Schuljahres in den Pausen auf dem Klo.

Zum Glück hänge ich als Erwachsene nicht mehr so oft auf dem Schulhof ab oder mit Halbstarken an der Bushaltestelle. Deswegen kam ich eine ganze Weile auch nicht mehr in den Genuss von bestimmten Beschimpfungen. Bis ich den Fauxpas beging, mich in diesem »Internet« genannten Moloch über solch minenfeldartige Themen wie Sex und Beziehungen auszulassen.

Heute regt sich bei diesen Bezeichnungen kaum noch etwas in mir. Jedenfalls nichts Persönliches. Denn inzwischen *weiß* ich (und Gott ist mein Zeuge, ich habe gezweifelt!), dass nichts Grundlegendes falsch daran ist, ein weibliches Geschlechtsorgan zu haben. Nicht mal dann, wenn man gerne Sex mit wechselnden Partner*innen hat. Nein, das Problem in dieser Sache liegt eindeutig bei den anderen. Es ist systematisch. Es ist sexistisch. Und genau das macht mich sehr, sehr wütend.

Abgesehen davon, dass es absolut nicht üblich ist, einen Mann mit einer abwertenden Bezeichnung seines Genitals zu beschimpfen, existiert nicht mal eine solche im Deutschen. Was soll man da schon sagen? »Schwanz« ist das Krasseste, was die Sprache hier zu bieten hat. Penisse standen aber auch nie im Ruf, hässlich zu sein und nach Fisch zu stinken. Auf sie war man schon immer stolz. Seien wir ehrlich, »Schwanz« sagen wir im Alltag eh alle statt »Penis«, und zwar absolut wertfrei. Jemanden so zu beschimpfen, wäre also schon mal lächerlich. Bleibt vielleicht noch »Sackgesicht«. Aber mal im Ernst, wer außer ein paar biertrinkenden Idioten im Trainingsanzug benutzt dieses Wort? Wer will sich also noch wundern, dass »Fotze« (wiederum der krasseste Ausdruck für das weibliche Genital) ungleich viel vulgärer klingt als »Schwanz« – und damit genau wie

»cunt« quasi unaussprechlich ist? Auch für »Schlampe« gibt es kein männliches Äquivalent. Denn eine gute Quote macht den Typen wie gesagt eher zum Hengst als zu einer billigen Nutte. Oder wie es die US-amerikanische Autorin Jessica Valenti in ihrem gleichnamigen Buch über Doppelstandards für die Geschlechter so schön zusammenfasst: »He's a stud, she's a slut.«

Klar, auch Männer werden mit geschlechtsspezifischen Ausdrücken beschimpft. Als »Wichser«, »Schlappschwanz« oder »Schwuchtel« beispielsweise. Doch da geht es nicht um ein *Zuviel* an Sexualität, sondern eher um ein heteronormatives *Zuwenig*. Keine Frage, es ist nicht schön, wenn man sich ständig als Oberrammler behaupten muss. Noch unschöner ist es aber, wenn man *überhaupt nicht* rammeln darf, ohne gleich dafür eins reinzubekommen. Das Allerschlimmste aber, das man wohl zu einem Mann sagen kann, ist »Hurensohn«. Vielleicht wirft man gleich noch ein nonchalantes »Ich ficke deine Mutter« hinterher – da hat man ihn dann wirklich bei den Eiern. Denn eine sexuell aktive Mutter zu haben, das ist, wie wir wissen, das Ekelerregendste, das einem passieren kann.

Das Gemeine daran: Es sind vor allem Männer, die auf diese Weise austeilen. Und in gewissen Kontexten passiert das so selbstverständlich, dass wir es kaum noch als beleidigend wahrnehmen. Dass im Porno der »Schlampe« die »Fotze« gefickt wird, gehört mindestens so sehr zum Genre wie der »Sie kniet, er steht«-Cumshot – und wer, außer ein paar Hardliner-Feminist*innen, stört sich schon groß daran?

Mindestens genauso frauenverachtend läuft es im Rap. Mindestens, weil im Gegensatz zum Porno zu »Ich spritz der Bitch in den Hals« (Haftbefehl), »Ich hab den Keller voll mit Nutten« (Kool Savas) und anderen entzückenden Szenen niemand dem einsamen Geschäft der Masturbation nachgeht. Sondern sehr, sehr viele Menschen solchen und anderen verbalen Abfall völlig schamfrei und offen konsumieren. Rap gehört zu den erfolgreichsten Sparten der deutschen Musikindustrie, seine Vertreter werden mit Preisen geehrt, und frage ich meine Freundinnen, warum sie sich das anhören, sagen sie: »Das ist halt Kunst.« – »Nee«, sage ich. »Das ist Stockholm-Syndrom.«

Auf der anderen Seite gibt es Frauen, die sich diesem Sexismus entgegenstellen. Und zwar nicht, indem sie *gegen* all diese Wörter arbeiten, sondern indem sie, wie die feministische Rapperin Sookee es nennt, »aus einem Werkzeug der Beleidigung eine Waffe machen.« Sie ziehen sich ultra-freizügig an, um bei den sogenannten Slutwalks mitzulaufen (zur Erinnerung: Vor einigen Jahren löste ein kanadischer Polizist eine weltweite Protestwelle aus, als er postulierte: »Frauen sollten sich nicht wie Schlampen anziehen, wenn sie nicht vergewaltigt werden wollen«). Sie nennen ihr Geschlechtsteil demonstrativ »cunt«, wie es die britische Feministin Caitlin Moran beispielsweise tut, oder verschenken »Fotzensekret«, wie die Rapperin Lady Bitch Ray (nomen est omen) es schon vor zehn Jahren in der Show von Harald Schmidt und Oliver Pocher gemacht hat. Und so manch eine junge Frau scheint für Personen weiblichen Geschlechts überhaupt kein anderes Wort als »Fotze« mehr zu kennen. Wie das Hiphop-Duo SXTN beispielsweise. Mal heißt es bei denen »Die Fotzen sind wieder da«, dann wieder sind die »Fotzen im Club« unterwegs – und damit meinen sie durchaus auch sich selbst: im positivsten Sinne.

Bis »Fotze« ein gängiges Kompliment ist, wie Margarete Stokowski es sich für die Zukunft in ihrer *Luft und Liebe*-Kolumne für die *taz* erhoffte, wird zwar vermutlich noch etwas Zeit ins Land streichen müssen. Und doch kann es tatsächlich gelingen, Begriffe neu zu besetzen. Die Autorinnen Dossie Easton und Janet W. Hardy bewiesen das schon im Jahr 1997, als sie ein Buch mit dem Titel *Schlampen mit Moral* (Originaltitel: *The Ethical Slut*) herausbrachten. Dort schreiben sie: »Deswegen reklamieren wir das Wort ›Schlampe‹ stolz für uns. Wir hören Anerkennung und sogar Zuneigung daraus. Für uns ist eine Schlampe eine Person beliebigen Geschlechts, die ihre Sexualität nach dem radikalen Motto auslebt, dass Sex schön ist und Genuss guttut.« Schlampen ficken also genauso und mit so vielen oder wenigen Menschen, wie sie es wollen. Klingt fantastisch, oder?

Seit ich das gelesen habe, erinnere ich mich selbst immer wieder bewusst an diese Textstelle, wann immer irgendwer meint, mich mit »Schlampe« oder einem ihrer Schwesterbegriffe ärgern zu wollen. Und denke: »Stimmt. Ich bin halt eine Schlampe, die ihre Fotze sehr, sehr gern hat.«

Und schon habe ich wieder gute Laune.

Warum nur einen nehmen, wenn man sie alle haben kann?

Casual Sex ist für alle da.

Ich ahnte schon immer, dass Männer und Frauen in ihrem Paarungs- und Beziehungsverhalten oft unterschiedlich ticken. Aber niemals offenbarten sich die Dinge klarer als in den vergangenen Jahren. Oder genau genommen, seit ich in einer offenen Beziehung lebe. Weder meinem Mann noch mir mangelt es an Gelegenheiten für Flirts und Affären. Doch gibt es einen großen Unterschied darin, wie unsere Zielgruppen (meine: Männer, seine: Frauen) auf unseren Hinweis reagieren, dass die Sache auf keinen Fall in eine romantische Zweierbeziehung münden wird: Meine Flirts sind ausnahmslos zu allem bereit, die meines Mannes hingegen verlieren in acht von zehn Fällen augenblicklich das Interesse.

Man könnte ja meinen: Sex auf Grundlage von gegenseitiger Sympathie, aber ohne potenziellen Verpflichtungsrattenschwanz ist heutzutage etwas, das Frauen genauso wie Männer genießen können. Wir befinden uns schließlich nicht mehr im 19. Jahrhundert, in dem Verbindungen »bis dass der Tod euch scheidet« eingegangen wurden und weibliche Sexualität, nun ja, schlicht nicht existent war. Wir wissen, dass Frauen genau wie Männer manchmal einfach Bock auf Vögeln haben und dass Sex nicht unbedingt zu gemeinsamen Besuchen bei IKEA führen muss. Offensichtlich ist aber die bloße Option auf die große Liebe etwas, das Frauen sich eher bewahren wollen als Männer.

»Liebe®« nennt Laurie Penny diese Idee des »Alles mit Einem für immer« in ihrem Buch *Unsagbare Dinge. Sex, Lügen und Revolution.*

Ihre Kritik an diesem Modell umfasst nicht nur die Tatsache, dass es lediglich einen einzigen – monogamen, heterosexuellen – Weg vorsieht, auf dem Liebe gelebt werden kann. Sondern auch, dass es vor allem Frauen sind, die darin ihre Erfüllung, ihr »übermächtiges Ziel« finden sollen: »Wenn eine Frau die Große Liebe sucht, dann ist das die ultimative Hingabe, der ultimative Beweis dafür, dass sie eine gute Frau ist [...].« Männer hingegen »dürfen ihre Arbeit, ihr Tun zur wichtigsten Romanze ihres Lebens erheben. Männer dürfen ihre Kunst, ihr Schreiben, ihre Leidenschaft mehr lieben als alles andere. Wir Frauen dürfen das nicht, und wenn wir es doch tun, dann fehlt uns etwas, oder wir reißen die Männerrolle an uns oder beides.« Diese Art von Single-Shaming beschreibt auch die Journalistin Gunda Windmüller in ihrer Streitschrift *Weiblich, ledig, glücklich – sucht nicht*: »[Da sind] Geschichten von einsamen Nächten und enttäuschenden Dates. Von Mädelsabenden mit zu viel Prosecco. Von tickenden Uhren und besorgten Freundinnen. Von Frauen, die sich die Zähne ausbeißen an der Frage: Warum will mich keiner? Ganz viele Klischees. Aber die so nachhaltig, dass viele sie glauben. Auch wir selbst, irgendwann.«

Egal, wie aufgeklärt wir heute sind: Männer, die die Freiheiten des Single-Daseins dauerhaft und entspannt genießen, finden sich zuhauf. Aber eine alleinstehende Frau, die nicht zumindest insgeheim nach der großen Liebe trachtet, ist mir nie begegnet. Denn, wie die *ZEIT*-Autorin Marlene Teschner in ihrem Essay die gesellschaftlichen Erwartungen an sie als Single-Frau schon im Titel so schön zusammenfasst: »Eine Frau ohne Mann ist wie ein Mann ohne Penis«.

Für dieses Phänomen gibt es verschiedene Erklärungsansätze. Besonders populär ist der vom evolutionsbiologischen Unterschied zwischen Männern und Frauen, den man mit dem Verhalten von Tieren zu belegen versucht: *Ihre* Natur ist die des Kinderkriegens, also braucht sie den bestmöglichen Versorger für den potenziellen

Nachwuchs satt promisker Ausschweifungen. *Seine* Natur hingegen verlangt nach möglichst weiträumigem Verspritzen seines Spermas, also sucht er tendenziell nicht nach Bindung, sondern nach Sex. Denn sie gehört zu den Kindern, er raus in die Welt – da können wir nix für. Oder: High Five fürs Patriarchat.

Ein Glück, dass diese Theorie inzwischen als widerlegt gilt: In den letzten paar Jahren fanden Forscher*innen heraus, dass tierische Weibchen sehr viel promiskuitiver sind, als bisher angenommen – woraus wiederum Schlüsse auf die menschliche Natur gezogen werden können. Es wäre im Sinne der Fortpflanzung auch wirklich dumm, wenn Weibchen respektive Frauen sich allein aufs Alphamännchen oder eben die eine große Liebe verlassen würden. Denn was, wenn der Typ unfruchtbar ist? Oder die Gene nicht zusammenpassen? Es gibt gute Gründe, sich gegen solche Fails durch möglichst viele Sex-Partner abzusichern. Oder wie der *Spiegel* im Herbst 2018 titelte: »Herumvögeln lohnt sich auch fürs Weibchen«.

Wenn es also nicht die Evolution ist, die Frauen auf die Suche nach dem Prinzen fixiert, was ist dann mit ihnen los? Zuerst einmal: Das Patriarchat ist los – diese viel zu oft für überwunden erklärte Gesellschaftsform, in der Frauen seit Jahrtausenden von der männlichen Gunst abhängen, erst der des Vaters, dann der des Ehemannes. Seit noch nicht einmal sechzig Jahren dürfen Frauen ein eigenes Bankkonto eröffnen, seit gut vierzig Jahren dürfen sie ohne die Erlaubnis ihres Gatten arbeiten – ein Wimpernschlag im Vergleich zu der Zeit, die Frauen komplett von Männern kontrolliert wurden. Wen wundert es, dass wir diese Abhängigkeit internalisiert haben? Oder wie Sandra Konrad völlig zu Recht fragt: »Wie frei können wir überhaupt werden in unserer langen Geschichte der Unfreiheit?« Die Idee, einen Partner fürs Leben zu brauchen, lässt sich also möglicherweise nicht so leicht abschütteln, wie wir vielleicht hoffen.

Dazu kommt, dass alle Welt scheinbar mit einer Stoppuhr um den weiblichen Körper herumsitzt und seine ihm verbleibende Zeit bis zum völligen körperlichen Verfall aka Unfruchtbarkeit laut mitzählt.[6] Die israelische Soziologin Eva Illouz erklärt diesen Mechanismus in *Warum Liebe weh tut* mit zwei grundlegenden Faktoren. Erstens führen höhere Bildung und größere Karrierechancen dazu, dass Frauen Ehe und Schwangerschaft im Vergleich zu vor fünfzig Jahren eher aufschieben – was dann in späteren Jahren wieder größeren Druck erzeugt, jetzt doch endlich mal den Richtigen zu finden. Und in diese Kerbe schlagen dann (zweitens) sowohl die Beauty-Industrie mit ihrem »Du bist nicht schön genug!« als auch unsere kollektive Affirmation über das »schmale« Zeitfenster der Frau. »Die zeitgenössische Situation benachteiligt Frauen strukturell«, so Illouz. »Wenn Frauen unter dem normativen Druck des Kinderkriegens (wie es zumeist im Rahmen heterosexueller Partnerschaften der Fall ist) sowie unter dem Einfluss der Wahrnehmung stehen, dass die Biologie ihnen Schranken setzt, dann findet für sie die Partnerwahl in einem begrenzten Zeitrahmen statt.«

Es wird wohl noch eine Weile dauern, bis auch der letzte Vollpfosten begriffen hat, dass solche über das Körperliche hinausgehende Unterschiede zwischen Mann und Frau Sozialisierungssache sind. Und dass wir es mit ein wenig Reflexionsaufwand selbst in der Hand haben, ob und wie weit wir uns von ihnen befreien wollen.

Mein Mann erwägt zuweilen, bei seinen Flirts aus unserer offenen, aber glücklichen Beziehung eine monogame, aber unglückliche zu machen. Denn als heartbroken Typ hat er bisher immer bestens funktioniert. »Aber das ist doch keine Lösung«, sagt er dann immer und bleibt halt bei der Wahrheit. Weil man mit Lügen nichts verändert. Mit ehrlich gelebten Alternativen hingegen schon. Inzwischen ist er einfach dazu übergegangen, von seiner sich durch

6 Es existiert nicht eine kinderlose Frau über dreißig, die, egal wo sie auftaucht, nicht von der Frage verfolgt wird, wann sie denn nun endlich schwanger zu werden gedenke.

die Gegend vögelnden Frau zu erzählen. Fun Fact: Es erhöht seine Quote tatsächlich.

Ich höre schon wieder die Einwände: »Will die uns tatsächlich erzählen, Sex ohne Gefühle sei erstrebenswert?« und »Sollen Frauen jetzt also genau so random rumvögeln wie Männer?«. Nein, das hier ist kein Loblied auf unverbindlichen Sex. In vielen Fällen ist er eh nur ein billiger Abklatsch der Ekstase, die in einer vertrauten Beziehung, in der zwei Menschen sich lieben, drin ist. Weil man sich anfangs eben gegenseitig nicht gut genug kennt, um zu wissen, wie man es der*dem anderen bis zum Wahnsinn besorgt. Möglicherweise bangt man um die eigene Performance oder traut sich nicht recht, mit den eigenen Vorlieben rauszurücken. Wie auch immer: Je öfter man es miteinander macht, desto besser läuft es meist auch. Intimität rules! Ich selbst komme beim ersten Mal Sex mit einer*m neuen Partner*in so gut wie nie. Und »so gut wie nie« heißt, dass das vielleicht ein Mal in zehn Jahren passiert. Was mich aber nicht davon abhält, mit jemand Neuem ins Bett zu gehen. Denn ohne erstes Mal kann es eben kein zweites, drittes oder viertes geben, bei dem es dann so richtig kracht. Ich bauche nicht extra zu erwähnen, dass weder spontane Nummern auf vollgepissten Clubtoiletten noch pseudo-romantische Tinder-Dates mit Typen, die für maximal zwei Tage in der Stadt sind, für mich auch nur annähernd infrage kommen. Ich setze auf Fortsetzung, »Ficken und Tschüss«, das ist nichts für mich. Und obwohl die meisten Menschen, die ich kenne, genau wie ich einen gewissen Vertrautheitsgrad benötigen, um das volle Bangboombang ihrer Sexualität ausschöpfen zu können, gibt es auch solche, die erst im Schutz der Anonymität richtig abgehen. Sie können sich bei einem One-Night-Stand viel mehr entspannen als mit einer*m festen Partner*in, weil sie die*den danach eh nie mehr wiedersehen müssen. Oder weil sie das merkwürdige Bedürfnis danach, gefesselt und geknebelt von drei Unbekannten gleichzeitig gevögelt zu werden, dann lieber doch nicht mit dem Schatz zu Hause teilen möchten. Ist bestimmt nicht geil, aber hat auch seine Berechtigung.

Damit habt ihr mich erwischt, ihr kleinen Racker*innen, so richtig casual ist das auch nicht bei mir. Und doch: Ich hoffe nicht auf die große Liebe, auf lange gemeinsame Jahre, nicht mal darauf, nebeneinander einzuschlafen. Hab ich nämlich alles schon. Und genau deswegen kann ich auch jede*n, der*die danach sucht, vollstens verstehen. Die Erfahrung, jemanden zu lieben und zurückgeliebt zu werden, ist wirklich unvergleichlich. Aber sie ist erstens nichts, ohne das man kein gutes Leben haben könnte, und zweitens gibt es auch noch haufenweise andere Unvergleichlichkeiten, die höchste Glücksgefühle auslösen können. Eine Pommesbude aufzumachen, zum Beispiel. Zu wissen, dass man Freund*innen hat, die einer*m beim Brechen die Haare aus dem Gesicht halten. Den eigenen Namen, notfalls mittels Trichter, in den Schnee zu pinkeln. Oder eben rumzuhuren.

Denn egal, was manche so erzählen: Wir Menschen wollen Sex. Und wir wollen ihn ganz ungeachtet unseres Beziehungsstatus' oder unserer moralischen Ansprüche, sonst würde nicht die Hälfte aller Erwachsenen fremdgehen.

Es tut uns gut, gewollt zu werden und berührt (ja, auch an diesen speziellen Stellen). Rumzuknutschen. Fremde Körper zu erkunden. Sich zu verknallen. Zeug auszuprobieren, von dem wir nicht im Traum daran gedacht hatten, dass wir es eines Tages tun würden. Und dafür brauchen wir nicht den*die Eine*n.

Es reicht völlig, wenn es nur eine*r von vielen ist, mit der*dem wir das erleben dürfen.

Freie Liebe forever

Beziehungen brauchen keine Zäune.

Es war eine von diesen verzweifelten Taxifahrten. Kurz bevor der Morgen anbricht, viel zu teuer, aber unvermeidlich. Der Fahrer wusste nicht recht, wo er lang sollte, er musste ja raus aus Berlin, meinetwegen, das war er nicht gewöhnt. »Die billigste Strecke bitte«, bettelte ich, »ich kann mir das hier eigentlich gar nicht leisten.« Mein Gejammer über das Elend des Autorinnendaseins, die schmutzigen Turnschuhe an meinen Füßen – er bekam Mitleid: »Dann zahl halt, so viel, wie du kannst.«

Die Fahrt war lang, wie gesagt, und natürlich erzählte Hamid (inzwischen hatten wir uns vorgestellt) von seinen Kindern, und ich erzählte von meinen, und irgendwann tauchte auch mein Mann in der Geschichte auf, die Hamid augenblicklich unterbrach. »Warte!«, rief er. »Und wer war der Typ, mit dem du eben am Taxistand rumgeknutscht hast?« Hamids Mund formte ein wissendes Lächeln: Er hatte eine Ehebrecherin im Wagen und ein kleines schmutziges Geheimnis noch dazu. Ich beeilte mich, ihn zu enttäuschen: »Aber weißt du, ich lebe in einer offenen Beziehung, da darf man so was.« Jetzt sah sein Lächeln nicht mehr ganz so wissend aus. Eher so, als würde ich ihm gleich alle Zähne auf ein Mal ziehen.

Also erzählte ich ihm alles. Von unserem ach so perfekten Leben, in dem sich plötzlich rausstellte, dass mein Mann eine Affäre hatte. Von den Wünschen, die wir beide all die Zeit unterdrückt gehalten hatten. Davon, wie nah wir uns fühlten, seit wir absolut ehrlich miteinander waren. »Ich hab meine Frau ja auch eine Weile betrogen«, brach es plötzlich aus Hamid. »Genau genommen läuft die Sache noch«, setzte er nach. »Aber ich könnte es ihr niemals erzählen. Sie würde es nicht verstehen. Sie ist nicht wie du.«

Dabei war nicht mal ich schon immer so, wie ich heute bin. Noch vor ein paar Jahren riss ich mir meinen Ehering vom Finger angesichts des Verrats, den mein Mann an uns begangen hatte. Alles sollte seine Ordnung haben. Wenn man sich liebte, dann ging das nur auf die einzig richtige Weise: Kompromisse schließen. Einander alles sein. Nix davon teilen mit anderen. Und dann nahm der sich das einfach raus, ohne mir was davon zu sagen! Was ich in dem Moment nicht wusste, nicht wissen konnte, weil es ja alle genauso und nicht anders machten: Unsere Vorstellung von Beziehung sah das mit dem Sagen gar nicht erst vor. Es sei denn natürlich, man wollte alles an die Wand fahren. Es war ja nicht mal erlaubt, so etwas überhaupt zu denken. Hamid konnte nicht wissen, was seine Frau wollte. Sie ahnte es vermutlich nicht einmal selbst.

So sah es also aus, das Eheleben von Hamid. Und das vom Kollegen Laurin vom Taxistand ebenso. Meine Bedenken wegen seiner Freundin hatte er nicht hören wollen, als wir uns auf dem Hotelzimmerbett wälzten. »Solange wir keinen Sex haben, ist alles okay«, murmelte er, bevor er sich in meine Oberschenkel verbiss und seine Hand meine Vulva fand. Bill Clinton hatte mit Monica Lewinsky angeblich ja auch keinen Sex gehabt, zum Verhängnis wurde ihm der kleine Ausrutscher am Ende doch. Vermutlich war es genau dieser Gedanke, der Laurin am nächsten Tag dazu veranlasste, mich in einem Panikanfall bei allen Nachrichtendiensten dieser Welt zu blockieren. Sein Handy lag schließlich immer offen rum. Was, wenn ich ihm plötzlich irgendeine sexy Nachricht zugeschickt hätte? »Dein Name sorgt für Eifersucht«, erklärte er später, »Was hätte ich denn machen sollen?«

Ja, was eigentlich? Mich nicht mehr treffen wäre eine Möglichkeit. Oder mit seiner Freundin darüber sprechen, was er will und macht. Beides kommt für ihn nicht infrage. Dann lieber lügen.

Wie viele Menschen leben wohl so, nach außen als überzeugte Monogamist*innen, aber in Wirklichkeit verlogen bis ins letzte Glied? Statistiken und Umfragen dazu gibt es dazu wie Plastik im Meer, lauter widersprüchliches Zeug mit ungewissem Belastbarkeitsgrad. Bei den meisten liegen die Männer vorn, bei manchen die Frauen. Das wird dann immer als große Sensation gehandelt: Seht her, Frauen sind *doch* die größeren Schweine! Am Ende aber nehmen sich Frauen und Männer in all den Umfragen nicht so wahnsinnig viel und unterscheiden sich höchstens in ihrer Motivation für ihren aushäusigen Verkehr: Männer geben an, dass sie Bock auf was Neues in Sachen Sex haben, Frauen sagen, sie hätten sich verliebt – alte Leier, ich weiß. Ansonsten kommt, wenn man die Umfragen runterbricht, raus, dass knapp die Hälfte aller Erwachsenen ihrem*ihrer Partner*in schon mal untreu waren oder es immer noch sind. Nur darüber reden ist halt so ein Ding. Untreue zugeben ist ungefähr so geil wie Unterhosen mit Bremsspuren rumzeigen – macht niemand gern.

Lange nicht alle wollen »Alles mit Einem für immer«, oder sagen wir es so: Unsere Genitalien wollen es nicht, und unser Herz spielt da auch nicht immer mit. Da können wir uns noch so sehr rein halten im Geiste, die Versuchung lauert überall. Klar, man kann an sich arbeiten, sich Mühe geben, sich beschränken. Aber nach Wellness klingt das nicht gerade.

Wir lernen, da haben wir die Grundschule noch nicht beendet, dass jede Art von Beziehung ihre eigene kleine Schublade hat. Liebe darf nur exklusiv sein oder gar nicht. Unsere beste Freundin dürfen wir genauso wenig heiß finden wie ihren Ex-Freund, das ist in einer Freundschaft nicht erlaubt. Mit der Kollegin vögeln macht alles nur kompliziert. Und wenn mit unserem Liebsten Schluss ist, dann ist er der letzte Wichser und hat keinen Platz mehr in unserem Leben verdient. So fühlen wir uns sicher, dass uns nichts passieren kann. Zumindest nicht allzu viel.

Gottgegebene Schranken sind das nicht. Denn historisch betrachtet ist unsere Idee von der romantischen Langzeit-Zweierbeziehung ein sehr junges Konstrukt. Die Idee von der Ehe und damit der Monogamie entstand tatsächlich erst nach der Neolithischen Revolution vor etwa 10 000 Jahren, zu der Zeit nämlich, in der die Menschen begannen, Viehzucht und Landwirtschaft für sich zu entdecken, und sesshaft wurden. »Vor einer Ewigkeit!«, werden manche von euch jetzt denken. Und dabei vielleicht vergessen, dass 10 000 Jahre im Vergleich zu der langen Geschichte der Menschheit nicht mehr sind als ein lautloser Furz. Die längste Zeit seiner Existenz lebte der Mensch in Gruppen zusammen, in denen generöses Teilen aller vorhandenen Ressourcen – inklusive Sexualität – als überlebenswichtig galt. »Eine Reihe unterschiedlicher Befunde belegt, dass unsere Vorfahren zuvor in Gruppen gelebt hatten, in denen die meisten Erwachsenen mehrere sexuelle Beziehungen gleichzeitig hatten«, schreiben die Psycholog*innen Christopher Ryan und Cacilda Jethá in *Sex. Die wahre Geschichte.* »Obwohl oft beiläufig, waren diese Beziehungen nie zufällig oder bedeutungslos. Ganz im Gegenteil: Sie verstärkten die lebenswichtigen sozialen Bande, die die in hohem Maße auf einander angewiesene Gemeinschaft zusammenhielten.« Jetzt aber, da es plötzlich Besitz und Besitzer gab, musste geregelt werden, wer den Acker denn nun erbt. Und das sollte eben möglichst nicht das Balg des Nachbarn sein. Vor allem für Frauen war nun also Monogamie angesagt, damit die väterliche Linie geschützt war. Die lebenslange Ehe war also vielmehr das Ergebnis wirtschaftlicher und gesellschaftlicher Zwänge als der Idee von Liebe. Vor allem für die Männer gab es darüber hinaus aber noch Konkubinen, Geliebte und Prostituierte. Klar, im Mittelalter trieben es auch die verheirateten Damen mitunter recht wild, und natürlich nahmen sich die wenigen mächtigen Frauen der Geschichte Liebhaber, wie es ihnen beliebte. Im Vergleich zu den außerehelichen Exzessen der Männer hielten die Frauen aber in der Regel ihre Füße schön still. Schließlich wussten sie, was sich gehört. Dass sie damit immer glücklich waren, lässt sich bezweifeln.

Keine Frage, es gibt Menschen, die nicht mehr in ihrem Leben brauchen, als sie schon haben. Aber die meisten von uns halten ihre Sehnsüchte zurück. Aus Angst, etwas kaputt zu machen. Aus Angst, verletzt zu werden. Angst davor, am Ende allein zu bleiben. Wir können uns nicht vorstellen, dass nicht alles gleich auseinanderfliegt, nur weil jemand Neues auf dem Plan steht.

Was wäre aber, wenn das nicht so sein müsste? Wenn Sex und Liebe Dinge wären, die zwischen allen, wirklich allen Menschen passieren dürften, für fünf Minuten oder ein Leben lang? Wenn das eine mit dem anderen nicht unbedingt etwas zu tun zu haben bräuchte? Wenn wir einfach sein dürften, wie wir sind? Wir könnten so ein gutes Leben haben.

Dieses Kapitel zum Beispiel schreibe ich in der Wohnung meines Freundes. Er hat ein so hübsches Arbeitszimmer, und dann liegt seine Wohnung auch noch mitten im Prenzlauer Berg. Wenn ich hier fertig bin, dann gehe ich rüber zu ihm, und wir schieben eine kleine Feierabend-Nummer, bevor wir in irgendeiner Bar versacken. Und morgen früh bin ich dann wieder zu Hause bei meiner Familie.

Das mit uns läuft schon fast zwei Jahre – mit kleinen Unterbrechungen wohlgemerkt. Auch unsere Dreiecksbeziehung ist kein rosarotes Liebeswunderland, sondern verlangt uns manchmal ganz schön vieles ab. Eifersucht spielt zum Beispiel zwischen meinem Freund und mir eine viel größere Rolle als in der Beziehung mit meinem Mann. Um uns nicht ständig gegenseitig an die Gurgel zu gehen, haben mein Freund und ich uns also darauf geeinigt, fremde Betten fremde Betten sein zu lassen. Das ist nichts, was ich dauerhaft leben will, aber für diesen Moment ist es genau richtig.

Außenstehende mögen unsere Konstellation merkwürdig finden: Hier mein Freund, der nur mir treu ist. Da ich zwischen den beiden Männern. Und dann mein Mann, der macht, was er will. Aber auch das ist »freie Liebe«: bewusst entscheiden zu können, wann Sex mit anderen Platz hat in meinem Leben und wann nicht.

Inzwischen bekomme ich sogar schon keine Lachanfälle mehr, wenn mein Freund und mein Mann sich nachts in unserem Flur über den Weg laufen. Als mein Freund neulich im Krankenhaus lag, haben wir ihn alle zusammen besucht, mein Mann, die Kinder und ich. In solchen Momenten fühlt es sich so an, als gehörte er so richtig zur Familie.

»Und das macht deinem Mann wirklich nichts aus?«, fragte Hamid wieder und wieder. Es wollte einfach nicht in seinen Kopf. Aber nein, das tut es wirklich nicht. Weil mein Mann weiß, dass das an meiner Liebe zu ihm nichts ändert. Dass wir nur deswegen so glücklich sind miteinander, weil wir uns gegenseitig nicht beschränken. Und er macht ja auch, was er will. Das ging nicht von jetzt auf gleich. Da wurde geheult und Zeug durch die Gegend geschmissen und gedroht und geklammert. Wir haben geredet, bis wir brechen mussten, und dann noch mal von vorn. Manchmal haben wir es auch jetzt noch schwer. Aber zurück wollen wir um keinen Preis. Denn so nah wie jetzt haben wir uns früher nie gefühlt.

Unsere Beziehung nennen wir »offen«. Nicht, weil wir mit anderen bumsen (tun wir sowieso nicht andauernd), sondern weil wir uns nichts verwehren. Wir sind frei zu tun, was wir tun wollen, mit unseren Geschlechtsorganen, aber auch sonst. Unsere Ehe soll uns kein Käfig sein.

Manchmal werde ich gefragt, ob ich nicht eigentlich »polyamor« bin statt in einer »offenen Beziehung«, weil es da ja auch noch eine zweite Liebe gibt. Am liebsten aber würde ich alle Schubladen und Beschränkungen abschaffen, denn Beziehungen verändern sich ohnehin ständig. Warum dem nicht einfach nachgeben?

Ganz am Anfang, als mein Mann und ich unsere Ehe grade erst geöffnet hatten, endete ein Abend für mich im Bett eines befreundeten Paares. Sie führten eine Art offene Beziehung, schliefen aber nur alle Jubeljahre mal mit anderen.

Wir hatten uns schon immer toll gefunden, alle drei, aber anders als in anderen Freundschaften war es hier nicht verboten, das auszusprechen. Auch Eifersucht spielte schnell eine Rolle zwischen uns: Carla wurden Pauls und meine Blicke zu lang, Paul hatte Angst, von uns ausgeschlossen zu werden, und ich fühlte mich schrecklich hin- und hergerissen. Das alles war schon lange auf dem Tisch gewesen, bevor wir an diesem Abend zu dritt kichernd das Restaurant verließen.

Doch trotz allem wüteten, während ich in dieser einen Nacht vorsichtig ihre Körper betastete und mit meinem Mund nach Hälsen, Mündern, Geschlechtsteilen suchte, meine Gedanken: Wie zur Hölle soll ich den Schwanz vom Freund meiner Freundin lutschen, und dann noch in ihrer Anwesenheit? Was mache ich mit dem Kopf einer Frau zwischen meinen Beinen, die meine intimsten Geheimnisse kennt? Werden wir uns hinterher noch in die Augen sehen können? Haben wir grade das Ende unserer Freundschaft besiegelt?

Hatten wir natürlich nicht. Es war schön gewesen mit uns und aufregend, und als genau das konnten wir es hinterher betrachten: als kleinen Ausflug in eine andere Sphäre, entstanden aus dem richtigen Moment.

In dieser Nacht kapierte ich, dass all die Grenzen, die ich um meine Beziehungen legte, gesprengt gehören. Ich will meine Freund*innen küssen können, wenn es sich richtig anfühlt. Wenn sie meinen Mann vögeln wollen, bitte sehr, ich werde ihnen nicht im Wege stehen. Ich will mit den Menschen, mit denen ich schlief, befreundet bleiben, weil meine Zuneigung nicht einfach so aufhört. Ich will meinen Chef*innen sagen können, wie toll ich sie finde, und mit meinen Kolleg*innen kuscheln. Ich will einfach alles tun können, solange es gut für uns ist.

Und am Ende lässt sich diese Art der Entgrenzung sogar auf unsere sexuelle Orientierung ausdehnen. Wie oft lassen wir gute Nummern und aufregende Begegnungen an uns vorbeiziehen, nur weil die betreffende Person nicht in unser Beuteschema zu passen scheint, wenn sie zu dick ist, zu flachbrüstig oder zu klein? Wie schwer tun wir uns mit femininen Männern, maskulinen Frauen und überhaupt Menschen, die sich keinem Geschlecht zugehörig fühlen? Wie sehr unterdrücken wir Bock auf das eigene Geschlecht, weil unsere, wenn auch nur kurz flackernde, Sehnsucht nach Schwänzen bzw. Vulven nicht in unser Bild vom Hetero-Sein passt?

Vor einer Weile küsste ich auf einer Party erst einen Typ, der mit freiem Oberkörper tanzte, dann noch einen, und plötzlich knutschten wir zu dritt. Keine*r von uns hatte das kommen sehen. Erst recht nicht, da sich nach einer Weile rausstellte, dass der erste hetero und der zweite schwul war. »Aber was machen wir dann hier?«, fragte ich. Die zwei sahen trotz der Tatsache, dass der eine nur auf Frauen stand, so glücklich aus dabei, ihre Ständer aneinanderzureiben. Und die Hand des Schwulen hatte doch eben noch beim Engtanz recht versiert meine Vulva zum Schmelzen gebracht. Das kapierte ich nicht. »Es ist mir egal, dass du eine Frau bist«, sagte der Schwule. »Wir haben so eine gute Zeit zusammen, lass uns auf all die Labels scheißen.« Und das machten wir. Den Rest der Nacht verbrachten wir zur Musik wogend, lachend, küssend, fummelnd, mal zu zweit, dann wieder zu dritt, es war nicht wichtig. Wir waren vollkommen, so, wie wir waren.

»Hetero«, das ist meine Bezeichnung für meine Sexualität – obwohl ich gern mit Frauen schlafe. Es passiert mir nicht oft, aber weniger aus Desinteresse als aus Mangel an Gelegenheit. Klar, wäre ich unendlich scharf drauf, würde ich mir vermutlich auch mit ein bisschen Suchaufwand eine nette Schnitte klarmachen können. Aber so weit kommt es meistens gar nicht erst, weil sich da Typen zwischendrängen. Und ich sie lasse. Bis auf die eine Freundschaft mit Katrin, die uns während der Abi-Zeit jede Party in heftigen

Zungenküssen enden ließ, hatte ich keine Liebesbeziehung mit einer Frau. Das macht es mir schwer, mich »bisexuell« zu nennen, obwohl ich sofort unterschreiben würde, dass Schwänze nicht das Einzige sind, das mich interessiert, sondern auch Vulven und Brüste durchaus und sehr. Genau genommen kann ich mir nicht mal vorstellen, dass mich irgendetwas *nicht* interessieren könnte, solange ich den Menschen, der in diesem Körper steckt, begehre. Darum werde ich mir zwar noch lange nicht in selbstgerechter Manier ein »pansexuell«-Krönchen aufsetzen. Aber für die Idee, kollektiv ein bisschen mehr auf das Geschlecht als zentrales Ausschlusselement zu scheißen, stehe ich gerne mit meinem Namen. Ganz genau so, wie es der Psychotherapeut Michael Ermann in seinem Buch *Identität und Begehren. Zur Psychodynamik der Sexualität* umschreibt: »Stärker als früher erkennen wir heute, dass sexuelle Identität und Begehren in jeder Begegnung neu ausgehandelt werden müssen. Die alten Festschreibungen auf Positionen wie aktiv oder passiv, intrusiv oder rezeptiv, gleichgeschlechtlich oder gegengeschlechtlich reichen nicht mehr aus.«

Bei alldem geht es aber mitnichten nur ums Ficken. Wir leben in einer Gesellschaft, die jede Berührung außerhalb von festen Beziehungen reglementiert, emotional sowieso, aber auch körperlich. Zur Begrüßung ein Händedruck, ein Küsschen, maximal eine kurze Umarmung. Ein Bekannter bekam kürzlich bei einer besonders innigen Begrüßung erst eine Erektion und dann einen halben Nervenzusammenbruch, weil er in seinem liebesbeziehungsfreien Alltag kaum physische Nähe erfährt. Einzige Abhilfe schaffen seelenlose Tinder-Ficks. Und auch ich musste mir meine Freund*innen mühsam zusammensuchen, denen ich, während wir uns unterhalten, sanft über die Unterschenkel streichen kann oder die mit mir Händchen halten, ohne dass irgendwer von uns denkt »Oh-oh, das wird mir jetzt zu nah, nachher will der*die mich bumsen!«. Das mit dem Bumsen passiert natürlich trotzdem manchmal.

Gibt's schon »Wie soll man da noch durchblicken?«-Zwischenrufe? Soll man auch gar nicht. Es reicht, wenn die zwei oder drei oder wie viele es auch werden, sich einig sind. Dafür muss geredet werden, ist klar. Aber dann bitte ohne Grenzen, mit all dem Schönen und all dem Müll, der aus uns rauswill. Ich glaube nicht an das Zurückhalten von Gefühlen und Bedürfnissen, und ich glaube nicht ans Schweigen.

Meine Mutter und ich saßen letztens zusammen auf dem Sofa und hörten uns einen Podcast an, in dem ich mein Liebesleben öffentlich auseinandernahm. »Macht dir das denn gar nichts aus, wenn die Menschen da draußen all diese intimen Dinge über dich wissen?«, fragte sie. Nein, das tut es nicht. Ich bin mir sicher, die Welt wäre besser dran, wenn jede*r alles über jede*n wissen dürfte. Geheimnisse bringen uns um, auf die eine oder andere Weise. Viele Menschen finden es befremdlich, was ich beruflich und privat so treibe. Am Ende aber bin ich all die Zeit einfach nur eines: ehrlich.

Dass Ehrlichkeit durchaus eine legitime Möglichkeit wäre, mit seinem Betrug umzugehen, war für Hamid jedenfalls eine unerwartete Erkenntnis. Vermutlich weiß seine Frau trotzdem noch immer von nix. Und kann damit nicht frei entscheiden, ob sie bei ihrem Mistkerl wirklich bleiben will. Sie kennt ihn ja nicht mal richtig. Ich hoffe sehr für sie beide, dass er ihr diese Chance eines Tages gibt. Und für Laurin hoffe ich das auch. Weitere Hotelzimmerbesuche wird es für ihn jedenfalls nicht mehr geben. Nicht so sehr, weil ich mich seiner ahnungslosen Freundin gegenüber schuldig fühlte, sondern weil ich keine Lust auf renitente Betrüger an meinem Heiligsten habe.

Bezahlt habe ich Hamid am Ende die volle vom Taxameter verlangte Summe, gegen das Trinkgeld wehrte er sich mit Bravour. Glücklich gingen wir auseinander, breit grinsend wegen dieser Begegnung jenseits von Schubladen und Zäunen, dafür mit geballter Ehrlichkeit. Vielleicht ging das nur, weil Hamid wusste, dass wir uns ohnehin nie wiedersehen würden. Und wenn schon. Denn vielleicht, ganz vielleicht war das für ihn auch der Auftakt zu etwas Großem.

Und keine Sorge, die Welt würde schon nicht im Chaos versinken, wenn plötzlich jede*r mit jeder*jedem dürfte. Sie würde ganz im Gegenteil endlich zu jenem friedlichen Ort, den wir uns alle so sehr wünschen.

Ich schwör, wie Hamid jetzt sagen würde.

Fick sie hart

Ist der Porno noch zu retten?

Ich stehe auf Gruppensex. Also beim Porno, in echt ist mir das zu stressig. Zu viele Leute, zu viele Bedürfnisse, zu viel Sorge, dass eine*r zu kurz kommt (im schlimmsten Fall natürlich ich selbst, Hölle!). Aber angucken mag ich das schon. Macht ja auch echt was her, so viele kopulierende Körper auf einem Haufen. Ach komm, nennen wir's beim Namen: Es macht geil.

Was leider nicht so geil daran ist, ist, dass ich mich, bevor es mit der Hand in die Hose geht, erst mal eine halbe Stunde durch das Angebot des Porno-Streaming-Dienstes meines Vertrauens klicken muss, bis ich finde, was ich suche. Das liegt nicht daran, dass Gruppensex-Szenarien eine so wahnsinnig exotische Vorliebe wären. Der Grund ist, dass ich echte Menschen suche und keine Fick-Maschinen.

Normalerweise läuft das im Mainstream-Porno nämlich so: Zwei Frauen mit Silikonbrüsten und Mädchen-Mumus lecken affektiert aneinander herum und stecken sich Dinge in den Po. Dann kommen ein paar stumpf guckende Typen in den Raum, auf deren Schwänze sich die ausgehungerten Dinger mit ihren Mündern stürzen, als hätten sie viele, viele Tage nichts zu essen bekommen. Dabei machen sie diese seltsamen Würggeräusche. Warum? Warum machen die die? Müssen sie derart auf die abartige Größe ihrer Ficker hinweisen? Oder ist das einfach nur geil, wenn man bis kurz vor dem Erbrechen am Zäpfchen gekitzelt wird?

Anschließend wird von vorne, hinten und kreuz und quer penetriert, bis den Frauen in den offenen Mund gespritzt wird. Ohne Anfassen, ohne Küssen, ohne irgendetwas Menschliches. Dafür mit lauten Klatschern auf weibliche Hintern, Ohrfeigen und Würgen. Und mit Schwänzen, die selbstverständlich und ohne Umschweife vom Arsch der einen in den Mund der anderen geschoben werden. Ich weiß ja, die machen sich vorher immer ungefähr hundert Einläufe, um alles aus dem Darm zu kriegen. Die Message ist trotzdem eindeutig: Friss Scheiße. Einen anderen Grund für diese Obsession finde ich nicht. Aber da geht noch was! In sind grade auch Anal-Prolapse. Für nichtfachkundiges Publikum: Da wird einer Frau so lange der Hinterausgang geweitet, bis sich der Darm wie ein rosa Pfropf nach außen stülpt. Das sieht nicht nur eklig aus, es ist auch abartig ungesund (ich sage nur Stuhlinkontinenz, manchmal auch erst später im Alter).

Bei all dem besteht das Maximum der weiblichen Aktivität darin, den Mund schön weit aufzureißen oder die Pobacken auseinanderzuziehen. Selbst beim Blasen dürfen sie kaum selbst ran, da fickt man sie einfach in den Mund. Und wenn es um das Thema Orgasmus geht, dann kann es nur einen geben: den des Mannes. Was *er* spritzt und wohin und ob die Mädels hinterher noch ne Runde damit gurgeln, nachdem sie es sich gegenseitig aus einem ihrer Löcher geleckt haben, das alles bildet den krönenden (Achtung, Wortspiel!) Höhepunkt der Choreografie. Ob *sie* hingegen befriedigt aus der Sache hervorgeht, interessiert nicht die Bohne. Klar, den weiblichen Orgasmus kann man mangels zuverlässig spritzender Flüssigkeiten oder anderer offensichtlicher Zeichen für das große Ohhh visuell schlecht abfeiern. Und ganz sicher ist den Frauen beim Pornodreh nicht immer nach Kommen zumute. Dass es aber so offensichtlich kein bisschen um ihr Vergnügen geht (außer sein Fickstück zu sein und dabei völlig übertrieben rumzustöhnen natürlich), ist deprimierend. Selbst wenn Frauen im Porno mal tatsächlich ejakulieren (oder im richtigen Moment vorher mittels Blasenkatheter injiziertes Wasser aus ihrer Harnröhre drücken), werden sie so grob mit Händen oder Schwänzen bearbeitet, dass allein das Hingucken schon wehtut. Und nein, das alles ist kein besonderes Problem des Genres »Group«, sondern auch ganz normaler Bestandteil nahezu jedes Zweier-Pornos.

Die Kamera halten sie natürlich direkt auf die Schwänze drauf, rein-raus, rein-raus, rein-raus. Die Autorin Virginie Despentes beschrieb diese merkwürdige Fixierung schon im Jahr 2006 in Zusammenhang mit Gruppenvergewaltigungen in ihrem Essay *King Kong Theorie*: »Es sieht so aus, als wollten sie sich gegenseitig ficken sehen, die Schwänze der anderen anschauen, sich gemeinsam aufgeilen, als wollten sie ihn sich gegenseitig reinstecken.«

Der Orgasmus der Frau, ihr glückseliges Gesicht, das interessiert keinen so richtig. Wobei, so richtig happy sehen die Frauen da in den meisten Fällen ja auch nicht aus, ne? Eher ein bisschen verzweifelt. Wie man halt guckt, wenn man zwei Schwänze gleichzeitig in den Hintern geschoben bekommt. Im Zweifel ist aber auch das geil. Dann soll sie halt leiden, die Schlampe. Dafür, dass sie uns Kerle so scharf macht, obwohl wir sie eigentlich verachten. Vermutlich beißt sich die Katze da eh in den Schwanz (höhöhö, Schwanz, grunzgrunz).

Es gibt böse Zungen, die behaupten, wenn Männer Frauen unterdrücken, dann täten sie es vor allem deshalb, weil sie Angst vor ihnen haben. Angst vor ihrer Fähigkeit, noch und nöcher zu kommen (während bei ihnen selbst meist nach einem Schuss erst mal Schluss ist). Angst, nicht genau wissen zu können, ob das Balg auch wirklich von ihnen ist (während die Frau *immer* Mutter ist, wenn sie geboren hat). Angst vor der weiblichen Fähigkeit, Leben zu spenden (sie entscheidet schließlich, ob sie sein Kind bekommt oder nicht).[7] Verschwörungstheorien? Keine Ahnung. Wenn, dann verdammt gute.

7 Kein Wunder übrigens, dass die schärfsten Abtreibungsgegner meist Männer sind. Abtreibungsgesetze wurden – wie alle anderen Gesetze auch – schon immer von Männern gemacht, und sie haben dabei keineswegs das Wohl der Frauen und ihrer Körper im Sinn.

Wenn ich mir so etwas angucken muss, kriege ich jedenfalls keinen hoch. Was vielleicht auch daran liegt, dass ich keinen Penis habe. Schließlich werden Pornos von Männern für Männer gemacht: 72 Prozent aller pornografischen Inhalte im Netz werden von Männern konsumiert, ebenso 95 Prozent der bezahlpflichtigen Filmchen. Und die Nachfrage bestimmt eben das Angebot, so zumindest die Theorie der Marktwirtschaft. Was aber, wenn das Angebot auch die Nachfrage bestimmt? Bilder, die uns umgeben und die wir uns regelmäßig reinziehen, prägen nachweislich unsere Sehgewohnheiten – das, was wir als normal empfinden, als ästhetisch oder eben auch als erregend.

Nichts gegen Würgen und Scheiße Fressen, wirklich nicht. Wir alle sind verschieden, und verschiedene Dinge machen uns Spaß, manchmal sogar solche, die andere Menschen nicht verstehen oder gefährlich finden. Schwierig wird es nur, wenn neun von zehn im Internet verfügbaren Pornos oben genannten Plot nachspielen und damit unsere Vorstellung von Sex determinieren als etwas, bei dem Frauen schlecht behandelt oder benutzt werden. Bei dem es nicht auf ihre Befriedigung ankommt. Bei dem Praktiken, die den allerwenigsten Frauen Spaß machen, zum Standardrepertoire eines gelungenen Schäferstündchens erhoben werden.

Was das mit uns macht? Ich kenne Frauen, die sich fragen, was mit ihnen nicht stimmt, nur weil sie den Penis lieber in ihrer Vagina als in ihrem Mund haben. Weil sie nicht auf anal stehen und auch nicht darauf, mit »Schlampe« angeredet zu werden. Oder Männer, die beim Sex gar nicht mehr kommen können, es sei denn, sie nehmen ihren Penis selbst in die Hand und schütteln ihn über Hintern, Brüsten oder Mündern aus. Die rammeln, als würden sie ein totes Stück Fleisch begatten. Und die ihren Penis am liebsten gar nicht erst rausholen würden, weil der nicht zwanzig Zentimeter hat.

An all dem ist nicht allein der Porno schuld, und es wäre falsch, das zu behaupten. Aber er leistet eben einen fetten Beitrag zur Zementierung von Geschlechterverhältnissen, von Körper- und von

Sex-Normen. Und während wir Erwachsene noch halbwegs in der Lage sind, Übersetzungsarbeit zu leisten (»Die Darsteller*innen sind operiert und vollgepumpt mit Viagra / es ist alles nur eine Show / echter Sex sieht ganz anders aus …«), fehlt diese Fähigkeit einer kleineren, aber viel wichtigeren Konsument*innengruppe komplett: Kindern und Jugendlichen.

14,2 Jahre, so hoch (oder niedrig) ist laut einer Studie der Universitäten Hohenheim und Münster aus dem Jahr 2017 das durchschnittliche Alter, in dem ein Mensch sich heutzutage zum ersten Mal einen Porno aus dem Netz reinzieht. Die Hälfte aller Vierzehn- bis Zwanzigjährigen hat das schon hinter sich, und von denen wiederum hat nur die Hälfte bewusst nach Pornos gesucht. Bei der anderen Hälfte, man kennt das ja, ploppte einfach ein Fenster auf, das neugierdehalber angeklickt werden musste, wenn es schon mal da war, oder Freund*innen kamen auf die glorreiche Idee, eine kleine Kinovorführung zu starten. Musste man sich früher nachts heimlich vor die elterliche Glotze schleichen, um ganz eventuell wogende Brüste im Weichzeichnerlicht zu erspähen, sind die Dinger heute überall und in HD zugänglich. Und obwohl ich es grundsätzlich für totalen Quatsch halte, sexuelle Inhalte von jungen Menschen fernzuhalten, kann ich mir eins nicht vorstellen: dass Pornos mit ihrem kruden Frauen- und Männerbild, mit ihrem krass eingeschränkten Verständnis von Sexualität und Körper geil für Jugendliche sind. Also nicht im wörtlichen Sinne, eine Latte oder ein feuchtes Höschen werden die schon bekommen, wenn die sich das angucken. Aber sich das alles in einem Alter reinzuziehen, in dem man über Sex noch nicht viel mehr weiß, als dass er »Penis in Vagina« bedeutet und ansonsten ein Fragezeichen von der Größe einer Kleinstadt mit sich herumschleppt, kann nur schiefgehen. Was sollen die denn denken, wie Sex funktioniert? Blasen-Rammeln-Cumshot?

Zusätzliches Fazit der Forscher*innen: Der Erstkontakt findet immer früher statt, und die Kinder bleiben mit dem, was sie da sehen, meist allein – denn schamfrei über das Gesehene sprechen können nur die Allerwenigsten von ihnen. Diese Tatsache veranlasste mich doch tatsächlich dazu, diese armen Kinder in meine allabendlichen Gebete zu Gott-Vater-Mutter-Bundeskanzlerin einzuschließen, auf dass alle Eltern dieser Welt endlich den Stock aus ihrem Hinterteil entfernen und ihren Kindern beibringen, dass Sex etwas Wunderschönes, aber manchmal eben auch ein bisschen Befremdliches ist und dass man sich aber auf keinen Fall dafür zu schämen braucht.

Und genau das ist der Grund, warum Pornos nicht direkt aus der Hölle kommen. Auch wenn sich alles, was ich bisher dazu geschrieben habe, vermutlich danach liest, als würde ich an der vordersten Front von Alice Schwarzers PoNo-Kampagne mitkämpfen. Seit 1987 bemüht sie sich um ein Pornografie-Verbot, definiert Porno aber grundsätzlich anders, als es heute üblich ist. Verboten gehört hiernach die »verharmlosende oder verherrlichende, deutlich erniedrigende sexuelle Darstellung von Frauen oder Mädchen in Bildern und/oder Worten«, und dabei ist es dann auch egal, ob das Gezeigte im Konsens stattfindet oder nicht. Was völlig blödsinnig ist, denn es *gibt* nun mal Menschen, die nichts in der Welt lieber mögen, als sich auf brutalste Weise das Hirn rausvögeln zu lassen, und es gibt Menschen, die schauen sich das gern an. Es spricht überhaupt nichts dagegen, dass sich alle Beteiligten diese Wünsche auch erfüllen. Problematisch wird es nur dann, wenn das (fast) die einzige Art und Weise von Sex ist, die Pornhub und seine Brüder anzubieten haben.

Denn eigentlich gibt es sie: Streifen, in denen Männer Frauen lecken und streicheln, in denen geküsst wird und geredet, und in denen auch dann alle Beteiligten vor Lust an der gegenseitigen Befriedigung nur so triefen, wenn es härter zur Sache geht (und nein, das liegt dann auch nicht an den fünfzig Litern Öl, die standardmäßig auf kopulierenden Körpern verteilt werden). Und bevor hier ein falscher Eindruck entsteht: Was ich meine, sind keine sogenannten »Frauenpornos«. Hier gibt es, bis auf wenige Ausnahmen, weder Weichzeichner noch stundenlange Kennenlern-Dialoge. Auch geht es nicht zwingend um Authentizität – schließlich verlangen wir vom Tatort-Opfer ja ebenfalls nicht, dass es vor der Kamera bitte wirklich zu sterben hat. Wir können nicht fordern, dass jedes Stöhnen und jeder Orgasmus echt ist, genau so wenig, wie wir auf Zuspitzungen verzichten müssen. Film ist Film, da muss es krachen, sonst macht es keinen Spaß. Im wahren Leben können drei Stunden Löffelchen mit dem*der Liebsten achtundzwanzig Orgasmen bedeuten – anderen Menschen bei so etwas zuzuschauen, bringt nicht mal einen halben. Weil uns die Verbindung zu einem Gegenüber fehlt, weil es keinen Körper gibt, der sich an unserem reibt, niemanden, der an unserem Ohrläppchen lutscht. Was wir haben, ist unsere Hand (oder was auch immer wir in diesem Moment benutzen, um uns selbst eine Freude zu bereiten), und das ist auch schon alles. Nun ja, bis auf das, was sich auf dem Monitor vor uns abspielt jedenfalls. Und das muss es dann bringen. Oder beziehungsweise auf visueller Ebene alles das ersetzen, was beim Sex mit einer anderen Person das Küssen, Grabschen, Riechen und Reiben besorgt.

Genau darum wird uns Porno auch so schnell langweilig, sodass wir neue, stärkere Stimulation brauchen: Es ist ein flaches Vergnügen, an das wir uns genau so schnell gewöhnen, wie es uns kommen lässt. Das sieht man auch an der Entwicklung der Porno-Industrie, die sich immer neue, abgefahrenere Plots und Techniken ausdenken muss, weil die Leute übersättigt sind von »einfach nur Sex«. Bestes Beispiel bin ich selbst: Während am Anfang meiner Pornokarriere (ui, klingt das aufregend!) ein zärtliches Stelldichein schon so erregend für mich war, dass ich zwei Sekunden nach Einschalten mit einem lauten KABUMM explodierte, läuft bei mir inzwischen unter vier Personen in allen Himmelsrichtungen absolut gar nichts mehr.

Als ich merkte, wie sehr mein Pornokonsum mich verdirbt, fing ich an, mit alternativen Produktionen zu liebäugeln. Die Schwedin Erika Lust dreht beispielsweise solche Filme, aber sie ist lange nicht die Einzige, die für faire und feministische Pornoproduktion steht.

Was das bedeutet? Angemessene Bezahlung und freundlichen Umgang für die Mitwirkenden, diversere Körperbilder und Einvernehmlichkeit beim Sex und manchmal sogar: Kondome. Die sieht man nämlich in den allerwenigsten Pornos, dabei weiß jede*r Zwölfjährige, dass Sex mit nackten Geschlechtsorganen sehr reale Krankheiten an diesen nach sich ziehen kann. Und nein, die ärztlichen Unbedenklichkeitsatteste, die die Darsteller*innen vor dem Dreh vorlegen müssen, beweisen rein gar nichts. Nur weil du vor einer Woche noch keinen Tripper hattest, heißt das nicht, dass du auch jetzt noch gesund bist. Und HIV lässt sich überhaupt erst sechs Wochen nach der Infektion nachweisen. Sagen wir also, wie es ist: Produzent*innen, die darauf bestehen, dass ihre Darsteller*innen es ohne alles machen, gefährden Leben. Nicht ohne Grund, schon klar, Schwänze mit Gummi drum laufen viel, viel schlechter als ohne. Und diese cuten Creampie-Spielchen funktionieren ohne Sperma auch nicht wirklich. Trotzdem muss man ganz schön verantwortungslos sein, um das mitzumachen. Oder andersherum: Es sollte selbstverständlich sein, es nicht zu tun. Genauso, wie es selbstverständlich sein sollte, dass Typen sich auch im real life von sich aus ein Kondom überziehen und nicht extra darauf hingewiesen werden müssen – was in ungefähr einem von zehn Fällen auch tatsächlich passiert.

Verantwortungsvolle, einvernehmliche Sexualität ist optisch nicht in unserem Gehirn verankert. Und genau deswegen braucht es Menschen, die neue Bilder und Sehgewohnheiten schaffen. Weil solche Produktionen aber verflucht teuer sind im Vergleich zu all dem schnell und rücksichtslos gedrehten Zeug, werden wir sie kaum auf kostenlosen Streaming-Portalen finden. Wollen wir sie angucken, müssen wir sie kaufen. Und das ist, zugegeben, ihre größte Schwäche, denn damit bleiben sie quasi unsichtbar im Vergleich zu all dem Schrott, den wir für umme sehen können.

Um dieses System nicht weiter zu unterstützen, habe ich kürzlich den Entschluss gefasst, nicht mehr zu Pornos zu wichsen, für die ich nicht bezahlt habe. Weil ich mich dann aber doch nie dazu entschließen konnte, in einen Film zu investieren, von dem ich nicht hundertprozentig wusste, ob er mich am Ende lang genug anmachen wird oder ich mein Geld einfach nur zum Fenster rausschmeiße, ist meine Porno-Karriere hiermit unversehens an ihrem vorläufigen Ende angelangt.

Keine Frage, anfangs fand ich es noch mühselig, nix zum Gucken zu haben und damit ganz allein für meine Erregung verantwortlich zu sein. In meiner Not erinnerte ich Szenen, die ich früher mal gesehen hatte, aber als auch die langsam verblassten, musste schließlich meine Fantasie ran. Und die – das hab ich wirklich nicht für möglich gehalten – hat eine Million Mal mehr drauf als jeder Porno. Maßgeschneidert auf meine persönlichen Bedürfnisse, liefert sie jeden Plot ganz genau so, wie ich es mir wünsche. Und dazu noch einen überaus angenehmen Nebeneffekt: Seit ich meine Erregung nicht mehr außerhalb von mir selbst generiere und meine Konzentration bewusst halte, spüre ich sehr viel mehr von dem, was ich da tue.

Oder, um es direkt zu sagen: Ohne Porno sind meine Orgasmen noch viel mehr Hammer als mit.

Probiert es aus! Bitte. Danke.

Huren, Böcke und wir alle

Arbeit ist Arbeit.

Alte Autos hatten schon immer eine erotisierende Wirkung auf mich gehabt. Also war es nur folgerichtig, dass ich, kaum hatte ich den weißen, verdecklosen Benz am Straßenrand entdeckt, auch schon drinsaß. Möglicherweise kam zu meiner Schwäche hinzu, dass ich an diesem Abend meine erste (und letzte) Modenschau für eine erfolglose Designerin gelaufen und vollgepumpt mit Adrenalin war. Und mit kostenlosem Alkohol, versteht sich. Mein abgebrannter, zwanzigjähriger Hintern schmiegte sich also an die Ledersitze und streichelte in Gedanken an ein besseres Leben über Mahagoniarmatur und Lenkrad.

Bis plötzlich der kein bisschen verärgerte Besitzer vor mir stand. Ist ja auch klar: Freitagabend, dein Bullshit-Agentur-Job ist getan, du kommst halb besoffen aus irgendeiner verfickt teuren Bar, und da fläzt sich so ein junges Ding in deinem Auto. Wie bestellt quasi. Natürlich setzte er sich neben mich auf den Beifahrersitz, statt mich zu verjagen. Und natürlich bot er mir großmütig an, eine Runde durch die nächtliche Stadt zu drehen.

Es war nicht so, dass er hässlich gewesen wäre oder grobe Scheiße gelabert hätte. Eigentlich war er sogar ganz nett. Aber alles an ihm troff nur so vor Kohle und Privilegien, und ich war so verdammt pleite, und der Kontrast zwischen uns beiden brachte mich zum Lachen, so sehr, dass ich Schluckauf bekam. »Für 'n Tausender würd ich's machen«, stieß ich zwischen zwei Hicksern hervor, und davon musste ich nur noch mehr lachen. Wer würde schon so eine absurde Summe für einen Fick mit einem Mädchen von der Straße zahlen? Aber statt in mein Lachen einzustimmen, sagte er bloß: »Okay, warum nicht.« Seine Feierlaune schien in etwa genau so groß zu sein wie meine finanzielle Misere.

Mein arg zugerichtetes Gehirn fing augenblicklich an zu arbeiten. Tausend Euro! Was für ein Luxus. Was für eine Erleichterung. Was für eine Chance. Hatte ich nicht eh ständig Gelegenheitssex mit Männern, die ich ebenso wenig zu ehelichen gedachte wie diesen hier? So gesehen sprach überhaupt nichts dagegen, Geld für etwas zu nehmen, das ich ohnehin die ganze Zeit tat. Andererseits: Was, wenn der irre war? Wenn er nicht nur seinen Schwanz in mich reinstecken, sondern auch meine Kehle durchschneiden wollte? Wie machten das die Frauen vom Straßenstrich, die einfach in irgendwelche Autos einstiegen? »Hey, schreibt mal das Nummernschild hier ab!«, schrie ich zu meinen etwas abseits rauchenden Leuten rüber.

Eva, die sich eben noch mit mir zusammen um den Wagen rumgedrückt, aber die Biege gemacht hatte, als der Typ aufgetaucht war, löste sich aus dem Pulk. »Bist du bescheuert? Komm jetzt sofort raus da«, blökte sie. Sie hatte natürlich recht, das erkannte ich jetzt auch. Wo sollte das alles enden? Da blieben ja quasi nur Geschlechtskrankheiten, Wahnsinn und Verfall. Peinlich berührt kletterte ich aus dem Wagen. »Du kannst doch jetzt nicht einfach so abhauen«, jaulte der Typ, als Eva mich wortlos davonführte.

Später, wir saßen grade beim letzten Bier, stand der Typ wieder vor uns. Wie ein Untoter, der, hat man ihm die Kehle durchgeschnitten, plötzlich wieder auftaucht, wenn man am wenigsten mit ihm rechnet. Verzweifelt schwenkte er zwei lila Scheine: »Ich hab die Kohle jetzt geholt. Ernsthaft, lass uns abhauen.« Noch einmal bäumte sich alles in mir auf, aber Eva, diese kleine Moralschleuder, fixierte mich mit ihren Armen so gekonnt auf ihrem Schoß, dass Aufstehen unmöglich wurde. Vielleicht wollte ich es auch bloß nicht genug. Nach einigen Minuten der maximalen Peinlichkeit zog mein Freier jedenfalls ab. Er hatte sich völlig zum Affen gemacht, mich vor fremden Leuten um Sex angebettelt, für lächerlich viel Geld. Wie eine Königin fuhr ich nach Hause. Was für eine Macht!

Abgesehen von zufälligen Begegnungen auf den Straßenstrichen deutscher Großstädte sollte ich der Prostitution nicht mehr so nah kommen wie an diesem Abend. Und ich bereue es bis heute, dass ich es damals nicht gemacht habe. Nicht, weil ich Interesse an einer Escort-Karriere gehabt hätte oder ohne das Geld nicht ausgekommen wäre. Sondern weil ich gerne wenigstens ein einziges Mal diese grundehrliche Erfahrung gemacht hätte, Sex gegen Geld zu tauschen. Keine andere Begegnung ist so klar determiniert wie die zwischen Freier und Hure. Leistung und Preis sind im Vorfeld festgelegt, mehr kann keine*r von beiden erwarten. Was für eine Wohltat im Vergleich zu diesem jedes normale Date umgebenden Nimbus von Erwartung und Bedeutung! Niemand muss sich fragen: Wer bezahlt das Essen? Zu dir oder zu mir? Bleibt man über Nacht? Ist da zu viel an Nähe oder zu wenig? Genüge ich? Wer hat sich nun zu melden? Und überhaupt, wohin soll das alles führen? Keine Chance auf unentgeltliche Fortsetzung, keine Beziehung, keine Verpflichtung. Es muss sich noch nicht einmal jemand »benutzt« fühlen – vorausgesetzt natürlich, es ist eine anständige Summe Geld und unbedingte Freiwilligkeit im Spiel.

Bei der Escort-Vermittlung Hetaera von Salomé Balthus zum Beispiel latzt ein*e Kund*in mindestens 1000 Euro, und die Frauen, die bieten – allem Anschein nach – nur das an, was sie ohnehin die ganze Zeit tun: Feiern und Vögeln. Nur halt für Geld. Auf den Fotos finden sich keine billigen Dessous, keine aufgepumpten Brüste, kein grelles Make-up, keine Extentions. Keine sluttiness. Stattdessen Frauen, denen man in Berlin Mitte über den Weg laufen könnte. Dezent geschminkt, gut gekleidet, selbstsicher. Es geht nicht nur ums bloße Ficken, es geht um ein gemeinsames Erlebnis.

Und damit wären wir schon beim Knackpunkt in der ganzen Angelegenheit: Unter solch luxuriösen Bedingungen arbeiten natürlich nur die allerwenigsten Huren. Die Mehrheit von ihnen lebt in prekären Umständen, wird von Zuhältern ausgenommen oder ist von »Zwangsprostitution« genannter systematischer Vergewaltigung betroffen. Darüber, was man gesetzlich für Prostituierte tun könne, wird seit Jahren immer wieder diskutiert. Passiert ist seither bis auf den 2017 eingeführten nichtsnutzigen und diskriminierenden Hurenpass, den eine Prostituierte seither immer mit sich zu führen hat: nichts. Was vor allem daran liegt, dass die Vertreter*innen des sogenannten »ältesten Gewerbes der Welt« über keinerlei Lobby verfügen. Wer will schon für Huren einstehen, für gefallene Frauen, arme Säue? Die Typen, die ihre Körper viertelstundenweise mieten, ja wohl kaum. Die gehen nach dem Abspritzen nach Hause zu Mutti und beten, dass keine*r was merkt.[8] Von dem schmierigen Film aus Scham und sozialer Ächtung, der die Frauen umgibt, profitieren die Kunden umso mehr, schließlich hilft er, die Preise unten zu halten.

Eine Frau, die ihren Körper verkauft – tiefer kann man in unserer Gesellschaft nicht sinken. Schließlich gilt man ja schon als beschmutzt, wenn man seine Vagina (das »Allerheiligste«, das eine Frau überhaupt besitzt) nicht nur dem Einen und aus tiefster Liebe zur Verfügung stellt. Nimmt man dann noch Geld für diesen widerwärtigsten aller Akte, puh, also eigentlich kann man sich auch gleich eine Kugel in den Kopf jagen. Nur gut für die Freier, dass die auf völlig unerklärliche Weise aus dieser Sache komplett unbeschmutzt herauskommen. Ihre Schwengel scheinen resistent gegen Dreck zu sein, da können sie noch so viele Nutten ficken.[9]

Und weil sich niemand vorstellen kann, dass man freiwillig die Beine für Fremde spreizt, werden Prostituierte gerne pauschal pathologisiert. Dass viele von ihnen eine beschissene Vergangen-

8 So sind sie halt im Durchschnitt: Zwischen dreißig und vierzig Jahre jung und in fester Beziehung lebend oder verheiratet.

9 Dass sie das tun, ist eh so normal, dass man es nicht recht glauben mag: Jeder vierte erwachsene Deutsche hat schon mal für Sex bezahlt, jeder

heit hatten und eine Gegenwart durchleben, die nicht viel besser ist, ist Fakt. Sie aber kollektiv für geistesgestört und bedauernswert zu erklären, trägt nur zu ihrer Diffamierung bei. Unsere Gesellschaft sollte sich um diejenigen kümmern, die ihres Schutzes bedürfen, und die anderen in Ruhe ihre Arbeit machen lassen – eine Arbeit, die im Zweifel nicht anders ist als jede andere Arbeit auch.

Denn die meisten von uns verkaufen ihre Körper für Geld. Selbst ich mache das jetzt in diesem Augenblick, indem ich diese Worte tippe. Mein Rücken bringt mich um, weil ich zu viel am Computer sitze, aber Feierabend ist nicht drin. Ich muss schließlich was tun für meine Kohle. Mein Körper ist also an diesen Stuhl gefesselt, der einer Nachtschwester an den Krankenhausflur, der einer Kellnerin ans Tablett. Und der einer Hure eben an die Koje. Wir alle müssen manchmal Dinge machen, auf die wir keinen Bock haben. Wir müssen nett zu Menschen sein, in deren Magengrube wir am liebsten unsere Faust versenken würden. So ist diese verschissene Welt nun mal.

Der einzige Unterschied zwischen jeder respektablen Frau (inklusive mir – aber seien wir ehrlich, das mit meiner Respektabilität steht auf der Kippe) und einer Prostituierten ist der, dass sie ihre Miete nicht mit irgendeinem x-beliebigen Körperteil verdient, sondern mit dem Unterleib. Und dazu noch mit einem derart schambesetzten Akt, dass die meisten von uns – hätten wir unsere Affekte nicht so wahnsinnig gut unter Kontrolle – sich am liebsten die Ohren zuhalten und laut LALALALA singen würden, wenn das Gespräch auf sogenannte »Schweinereien« kommt. Ich meine: Hallo? Ficken? Gibt es etwas weniger Widerwärtiges auf der Welt, etwas weniger Tabuisiertes? Natürlich kommt kaum jemand drauf klar,

fünfte macht es regelmäßig. Plus die, die es nicht zugeben natürlich. Die Chancen stehen also gut, dass wir alle mindestens eine Person kennen, auf die das zutrifft – auch wenn die sich lieber die Zunge abhacken würde, als darüber zu reden.

wenn irgendjemand seine sakrosankte Scheide ganz und gar freiwillig der Öffentlichkeit zur Verfügung stellt. So ein ganz kleines bisschen Geisteskrankheit oder wenigstens frühkindlicher Missbrauch muss doch da im Spiel sein!

Kann es, natürlich. Betrachten wir die erbärmlichen Umstände, unter denen viele Huren ihr Leben verbringen, bedarf es bestimmter Prädispositionen, um sich überhaupt erst in solchen Umständen wiederzufinden. Das bedeutet aber noch lange nicht, dass jede Frau, die sexuelle Dienstleistungen anbietet, einen an der Klatsche hat.

Zumal wir alle, und das vergessen wir so gern, alle Sex hin und wieder benutzen, um zu bekommen, was wir wollen. Wenn wir jemanden im Club aufreißen, nur weil wir uns nach Nähe sehnen. Wenn wir konsequent den Typ bezahlen lassen, bevor wir mit ihm in die Kiste steigen. Wenn wir Schatzi nicht ranlassen, bis er aufhört, sich den Bart wachsen zu lassen. Oder mit Arschlöchern zusammenbleiben, nur weil sie uns ein schönes Leben ermöglichen. Sogar wenn wir mit dem Ordnungsamt-Fuzzi flirten, damit der uns kein Knöllchen verpasst.

Nicht alles hiervon ist korrekt, aber es passiert. Und niemand, ich wiederhole, niemand! stört sich daran. Sehen wir es ein: Sex ist eine Währung für alles Mögliche. Also sollten wir mal schön die Fresse halten, statt auf die zu schießen, die es beim Namen nennen. Vielleicht könnten wir dann tatsächlich sogar erwägen, bei Bedarf jemanden zu buchen, der*die uns für ein paar Stunden genau das gibt, was wir wollen – genau so selbstverständlich, wie wir zur Massage gehen.

Wenn ich mir Balthus' Website so angucke, werde ich fast ein wenig sehnsüchtig. Nach weißen Oldtimern, Fünfhundert-Euro-Scheinen und, zugegeben, auch meiner Jugend. Obwohl, bei der ein oder anderen Hetäre lassen sich auch ein paar Fältchen rund um die Augen finden, wenn man nach ihnen sucht.

Vielleicht bewerbe ich mich ja, wenn das Buch fertig ist. Salomé Balthus empfiehlt eh jeder Frau, Geld fürs Vögeln zu nehmen.

Wer ist hier der Boss?

Unterwerfung darf auch männlich sein.

Als Friedrich in mein Leben kam, dachte ich: So und nicht anders – nie mehr. Das Internet hatte ihn ausgespuckt, damals, als es noch keine Smartphones und kein Tinder gab und man sein Glück über so etwas wie »Friendscout« versuchte. Seine Fotos hatten einen gut angezogenen Herrn mit Panto-Brille gezeigt, im Profil stand was von »dominant«. *Fifty Shades of Grey* war da noch lange nicht geschrieben, sonst wäre ich möglicherweise nicht derart überrascht worden. Weder von Friedrich noch von mir selbst.

Bei unserem ersten Date bekam ich keinen Bissen runter. Ich saß starr vor Angst und Erregung auf meinem Platz, nachdem er mir beim Aus-dem-Mantel-Helfen ganz beiläufig den Hals zugedrückt hatte. Später schickte er mich zur Toilette damit ich mir den Slip ausziehe. Draußen lag Schnee, trotzdem zog ich gleich auch meine Strumpfhose aus, mit wäre ja witzlos gewesen, fand ich.

Es war klar, dass ich mit ihm nach Hause gehe, wir wussten es beide. In einem Hauseingang verpasste er mir die erste Ohrfeige, dann riss er sich mit nur einer Handbewegung mitten auf der Straße den Gürtel aus der Hose, rollte ihn ein und reichte ihn mir. Ich sollte ihn schon mal spüren, als Vorgeschmack. Da lief es mir schon lange die Beine runter.

Am nächsten Morgen erwachte ich als winziges Häufchen in Friedrichs gigantischem Boxspringbett. Bis auf ein grobes Lederhalsband war ich nackt, mein Körper mit Striemen übersät. Aber meine Seele frohlockte. Sklavin sein, mich ausliefern und beherrschen lassen, das war es, was ich wirklich wollte! Warum war ich da nur nicht früher drauf gekommen? Zu Hause googelte ich nach BDSM-Erweckungserlebnissen. Meine Fresse, waren das viele! Das ganze Internet schien voller Frauen zu sein, die das Gefühl hatten, endlich ihre Bestimmung gefunden zu haben: Devotion. »Genau wie ich!«, jubilierte ich.

Alles an uns spielte oben und unten: Ich war jung – er war alt. Ich studierte – er besaß mehrere Firmen. Ich sparte auf ein Kleid von Zara – in seinem Schrank hingen nur Maßanzüge. Ich wohnte mit meiner kleinen Tochter in einem winzigen, unsanierten Loch – seine Sechs-Raum-Wohnung war voller Art déco. Und Kunst natürlich, überall Kunst. Gingen wir essen, bestellte er für uns beide. Wollten wir in einen Club, bestimmte er meine Kleidung. Hingen wir vor der Glotze, diktierte er das Programm. Es war nicht mal sein Geld, das mich so anzog. Sondern die Idee, von jemandem kontrolliert und gehalten zu sein, der weiß, wie Leben geht. Ich wollte nicht nur, dass er mich schlägt. Ich wollte auch gerettet werden.

Lange lief unser Wintermärchen nicht. Als der Frühling kam, hatte ich schon die Schnauze voll davon, Friedrichs Launen und Grenzüberschreitungen ausgeliefert zu sein. *Safe, sane, consensual*[10] ging anders, das wusste ich inzwischen. Aber ich hatte Blut geleckt, seins, meins, irgendjemandes. Und ich wollte mehr davon.

Den nächsten Mann (der, den ich später heiraten würde) konnte ich zwar nicht für Striemen auf meinem Hintern begeistern, doch was oben und unten, aktiv und passiv anging, blieben unsere Rollen starr. Er gab den Ton an, ich machte mit. Er fesselte, ich wurde gefesselt. Er fickte, ich wurde gefickt. Und eigentlich gab es ja auch nichts dran auszusetzen, denn wir waren mehr als fein mit dieser Aufgabenverteilung.

10 Grundprinzip des BDSM, das für Sicherheit und Einvernehmen steht. Bevor das Spiel losgeht, wird ausgemacht, was alles geht und was nicht. Zur Sicherheit gibt's ein Safeword.

Bis eine kluge Freundin nach einem ausufernden Sex-Talk eine Frage daließ: »Hast du mal darüber nachgedacht, warum es uns Frauen so viel leichter fällt, uns dominieren zu lassen, als selbst die Oberhand zu behalten?« Hatte ich nicht. »Sozialisierung«, antwortete sie sich selbst und rauschte ab nach Hause. »So ein Bullshit«, dachte ich. »Ich bin frei, und meine Sozialisierung kann mich mal.«

Dabei braucht man den Mainstream-Porno gar nicht erst auszugraben. Jede beliebige Sexszene in jeder beliebigen Hollywood-Schnulze ist schon Beispiel genug: *Er* übernimmt die Initiative, *er* drückt sie leidenschaftlich gegen die Wand, *er* ist über ihr, *er* liebkost ihren Körper. Und wer erinnert sich nicht daran, wie *Fifty Shades of Grey*, in dem ein superreicher Psycho eine mittellose Studentin in seiner Folterkammer knebelt und auspeitscht, durch die Decke ging? Teile der Öffentlichkeit zeigten sich entsetzt: Was? Da kämpfen Frauen Jahrzehnte für die Gleichberechtigung, um sich dann kollektiv in Fantasien darüber zu ergehen, von einem ihnen in jeglicher Hinsicht überlegenen Mann nicht nur finanziell abhängig zu sein, sondern auch sexuell dominiert zu werden?

Die israelische Soziologin Eva Illouz erklärt in ihrem Essay *Die neue Liebesordnung. Frauen, Männer und Shades of Grey* den Erfolg der Story damit, dass sie die Spannungen innerhalb der Geschlechterbeziehungen überwindet und damit zu einer Art zeitgenössischer Liebesutopie wird. Die Verhandlung von Rollen und Aufgaben, durch die wir uns im echten Leben mit unseren Partnern quälen müssen, alle Unsicherheiten und das ewige »Wo stehe ich in meiner Beziehung?« – das alles ist hier nach anfänglichem Hin und Her so gut wie ausgehebelt. Die Positionen der beiden Hauptfiguren bleiben statisch. Er oben, sie unten, und sie leben glücklich bis an ihr Lebensende.

Die Menschen sind es also leid, ihre Beziehungen auszuhandeln. Kann man ihnen nicht vorwerfen, ist ja auch eine anstrengende Angelegenheit. Warum aber bauen sie sich keine *echte* zeitgenössische

Liebesutopie, in der eine superreiche MILF einen devoten Studenten vermöbelt? Ich meine, Männer wollen sich doch auch mal fallen lassen, oder? Jetzt wäre die beste Zeit dafür, denn so gleichberechtigt wie heute war unsere Gesellschaft noch nie.

Von der Mehrheitsfähigkeit einer solchen Vorstellung sind wir tatsächlich aber noch ganze Galaxien entfernt. Die Bilder, die in unseren Köpfen und Bildschirmen regieren, zeigen das genaue Gegenteil. Denn bedauerlicherweise sind unsere Eingeweide nicht ganz so schnell wie unser Hirn. Wir *wissen*, dass die Herrschaft der Männer vorbei ist. Wir sind vermutlich die aufgeklärteste Frauengeneration, die es in den letzten paar Tausend Jahren auf diesem Planeten gab. Die wenigsten von uns wollen Männer, die sich ins Hemd scheißen, nur weil sie weniger verdienen als wir. Oder welche, die sich nicht um unsere gemeinsamen Kinder kümmern. Wir wollen nicht das schöne Geschlecht sein. Und trotzdem werden wir lieber gefesselt, statt es selbst zu tun, oder lassen wir uns lieber den Hintern versohlen, statt selbst Hand anzulegen.

Ich würde hierzu wahnsinnig gerne irgendeine Studie zitieren, aber die Frage, wer im Bett das Heft in der Hand hat, scheint nicht gerade ein Steckenpferd der Wissenschaft zu sein. Allein das Casual Dating Portal »Secret« machte sich die Mühe, im Jahr 2015 gewisse Tendenzen bei seinen Nutzer*innen zu erfragen. Nun ist auch mir bekannt, dass Online-Plattformen für gewisse Stunden nicht unbedingt im Ruf stehen, wissenschaftlich tragfähiges Material zu liefern. Einen Blick darauf werfen können wir trotzdem, aber nur so zum Spaß. Die »Secrets« haben nämlich herausgefunden, dass sich drei Viertel der befragten Frauen beim Sex gern führen lassen, aber nur 38 Prozent auch selbst gern mal in die dominante Rolle schlüpfen (zum Vergleich: bei den Männern ist es genau andersherum).

Und dann gibt es noch den US-amerikanischen Journalisten Daniel Bergner, der – etwas seriöser – in seinem Buch *Die versteckte Lust der Frauen* Forschungsergebnisse zur weiblichen Begierde zusammenträgt. Er konstatiert: Je nach Studie haben 30 bis 60 Prozent aller Frauen Vergewaltigungsfantasien – und zwar ohne dass sie so etwas tatsächlich je erleben wollen. Von Männern hingegen sind Träumereien, in denen ihnen sexuelle Gewalt angetan wird – Überraschung! –, nicht bekannt.

Das alles aber realisierte ich erst viel später. In meinen Zwanzigern war ich noch sicher, der Feminismus sei obsolet. Ich fühlte mich von ihm vielleicht nicht, um es mit Ronja von Rönne zu sagen, »angeekelt«, zumindest aber nicht repräsentiert.

Spätestens mit Anfang dreißig jedoch war mir diese Denke nicht mehr möglich. An dem Punkt nämlich, an dem ich feststellte, dass der Gender Pay Gap zwischen meinem Mann und mir von sagenhaften 100 Prozent nicht auf Grundlage unserer abartig krassen Freiheit entstanden war. Sondern weil ich schlicht nicht den Hauch einer Chance hatte, auch nur im Ansatz etwas zu reißen – und das nur, weil wir irgendwann entschieden hatten, dass *ich* die Mutter bin. Schon gut, schon gut, ich hab die Gören aus mir rausgepresst, der Vater kann ich schon mal nicht sein. Aber auf die Idee, eine gleichberechtigte Elternschaft anzustreben, muss man erst mal kommen, wenn der Mensch mit Pimmel schon von vornherein mehr verdient als der mit Uterus. Klar bleibt die *Mutter* dann zu Hause bei den Kindern, um später ein bisschen Teilzeit zu machen. *Sein* Job ist doch so viel wichtiger! Und schwupps hingen wir in einem Rollenmodell fest, von dem wir immer behauptet hatten, uns würde es garantiert nicht mehr betreffen. Ich jedenfalls brauchte etliche Jahre finanzielle Abhängigkeit von meinem Mann, um zu kapieren, dass in uns geschlechtsspezifische Automatismen wirken, die uns nicht mal unbedingt bewusst sind. Wir sind einen Scheiß von frei. Wenn wir es wären, wäre das Verhältnis zwischen arbeitenden Müttern und Vätern ausgeglichen, genau wie das zwischen Männern und Frauen in Care- und Tech-Berufen. Wir hätten genauso viele Chefinnen wie Chefs. Und, jetzt kommen wir zurück zum Kern, Devotion wäre nichts, was wir vor allem mit Frauen in Verbindung bringen.

Es kann kein Zufall sein, dass gerade die Gruppe Menschen mehrheitlich Unterworfen-Sein genießt, die de facto über viele Tausende von Jahren unterworfen *war* und zum Teil immer noch ist. Genauso wenig wie es Zufall ist, dass diejenigen, die schon immer am Machthebel saßen, sich nicht vorstellen können, ihn loszulassen.

Ich weiß nicht, ob es Sex geben kann, der gänzlich frei von Macht und dem Spiel mit ihr ist. Und selbst wenn, wäre das erstrebenswert? Die prächtigsten Feuerwerke erlebe ich selbst zwar nur in Situationen, in denen Macht und Ohnmacht keine Rolle mehr spielen, in denen ich jemand anderem so nah bin, dass ich mit seinem Körper verschmelze, in dem es kein Oben und kein Unten mehr gibt und ja, scheiß auf den Pathos, wir *ein* Fleisch werden. Und doch kann es mir daneben, davor oder danach unglaubliches Vergnügen bereiten, mich vor einen Mann zu knien und ihn zu bedienen. Aber es wäre mir unerträglich, wäre das die einzige uns erregende Spielart. Denn oben sein, während einer vor mir kniet, das will ich auch manchmal.

Und genau das zuzulassen ist für viele Männer ein echtes Problem. Vor einer Weile fand ich eine sehr berührende Mail von einem meiner Leser im Postfach. Er schrieb: »Ich würde gern fragen, wann und auf welche Weise ich am besten einer (Sex-)Partnerin eröffnen kann, dass ich recht devot bin, lieber lecke als geblasen zu werden, auf Body Worship stehe (auf Knien den Körper der Partnerin weitest möglich mit langsamen, sanften Küssen bedecken) und schließlich noch ein großer Fußfreund bin. Ich habe noch kaum Erfahrungen mit Frauen, da ich mir mit diesen Neigungen völlig unnötigerweise lange selbst im Weg stand.«

Das Rollenbild vom starken Mann und von der schwachen Frau ist immer noch präsent – und in unserer Sexualität wird das besonders spürbar. Wird dieses Bild umgekehrt oder finden wir uns selbst mit nichtkonformen sexuellen Wünschen konfrontiert, kann das schrecklich irritieren. Oder beschämen. Das Klischee von der Domina und ihrem Sklaven ist uns allen zwar geläufig, sorgt aber gern mal für spöttisches Lächeln. Denn von einem Mann wird anderes erwartet. Und das empfindet nicht nur mein Leser so: Das Netz ist voll von Forumseinträgen, in denen sich Männer darüber austauschen, wie schwer es ist, eigene submissive Neigungen zu akzeptieren und damit nach außen zu gehen. Mit dem Ergebnis, dass viele von ihnen diese Art von Sexualität dann lieber außerhalb ihrer Partnerschaft ausleben, und zwar heimlich mit Prostituierten. Überhaupt betrifft dieses Thema nicht nur Männer, die gefesselt werden oder Dreck von irgendjemandes Absätzen lecken wollen. Sondern auch jene, die sich ab und zu mal fallen und führen lassen wollen oder vielleicht die Erfahrung machen möchten, wehrlos zu sein. Ein Spiel zu spielen, das einfach nicht in unser Bild von Männlichkeit passt. Ein Spiel, nach dem sich manche von uns sehnen und andere sich ihre Sehnsucht danach nicht einmal so richtig eingestehen wollen.

Wie wir unsere Sexualität erleben, was für Wünsche und Fetische wir entwickeln, hängt maßgeblich von der Gesellschaft ab, in der wir aufwachsen. Mit anderen Worten: Je weniger Alternativen es zur männlichen Dominanz gibt, desto weniger können wir entsprechende Begierden entwickeln und desto mehr verharren wir in alten Rollenklischees. Dabei geht es nicht darum, den Spieß tatsächlich und für alle Zeit umzudrehen. Aber so ein paar Schlenker wären einfach echt mal der Knaller.

Dann wüsste ich: Das mit der Gleichberechtigung, das haben wir zumindest annähernd geschafft.

Friedrich und ich blieben später übrigens sporadisch in Kontakt, auch als er schon längst nicht mehr in Deutschland lebte, heiratete und Kinder bekam. Manchmal, wenn ich einen Mann brauchte, der wusste, wie Leben geht, telefonierten wir. Friedrich, was soll ich mit meinem Liebeskummer tun? Friedrich, wie überlebe ich einen Fernsehauftritt? Friedrich, was hältst du von meinem Text? Er hatte fast nie recht mit dem, was er sagte. Aber die Illusion eines allwissenden, ach was, allmächtigen Mannes in meinem Leben gab mir eine merkwürdige Sicherheit.

Bis wir uns vor wenigen Jahren wiedertrafen, erst auf einen Tee, dann auf einen Hotelzimmerbesuch. Meine Aufregung darüber, mich wie in guten alten Zeiten mal wieder flachlegen zu lassen, war groß. Die ersten Ohrfeigen machten noch Spaß. Aber spätestens als er mich über das Bett warf und festhielt und fickte und nichts anderes wollte, als über mich zu bestimmen, da merkte ich: Das brauche ich nicht mehr.

Und in diesem Gefühl bade ich bis heute.

Fifty Shades of Rape

Sexualisierte Gewalt hat viele Gesichter.

Kurz bevor ich sechzehn wurde, schickten mich meine Eltern über die Sommerferien nach Moskau[11] zu Tante und Onkel. »Das wird gaaaaanz, ganz toll werden!«, hatte meine Mutter gesagt.

Wurde es nicht. Man hatte mich, die niedliche deutsche Verwandte, auf dem Roten Platz fotografiert, durch die Tretjakowskaja-Galerie gejagt und auf ein paar Partys rumgezeigt, dann aber weitestgehend sich selbst überlassen. Denn mal ehrlich, wer will schon einen ganzen Sommer lang Babysitter spielen? Also verbrachte ich, unfähig, mich im Moskauer Verkehrschaos zurechtzufinden, meine Tage damit, mich auf dem kalten Parkett des Stalinbaus zu wälzen. Dort brütete ich wahlweise über die grausigen Weissagungen meiner Tarotkarten, las die Tipps für den Fall einer drohenden Vergewaltigung in der russischen *Cosmopolitan* (Tipp Nr. 10: Wenn es sich gar nicht mehr vermeiden lässt – einfach genießen). Oder schrieb weinerliche Briefe an meine beste Freundin. Sie war natürlich in Italien und knutschte mit von der Sonne gebleichtem Haar jeden Abend auf der Piazza mit einem anderen.

Aber eines Abends passierte etwas wahnsinnig Aufregendes. Es kam Besuch. Großer und breitschultriger Besuch, außerdem blond und braungebrannt – ein Paradebeispiel des sowjetischen Proletarier-Posterboys. Er hieß Vova.

Vova hatte seine Frau zu Hause gelassen, denn er hatte schließ-

11 Auch hier gilt wieder: Ort = egal.

lich auch ein eigenes Leben, wie er sagte. »Du musst Katja sein, die deutsche Nichte. Dein Onkel hat mir schon von dir erzählt. Aber dass du so eine Schönheit bist, hat er für sich behalten!«, sang Vova, und mein Herz sang mit, aber nur kurz. Denn gleich schob sich Onkels Lockenkopf mitsamt seines Doppelkinns zwischen uns, um den Gast laut auf beide Wangen zu schmatzen.

Plötzlich fiel sein Blick auf meine Beine. »Was ist das für ein Kleid? Trägt man so was bei euch? Das macht deine Beine irgendwie fett.«

Bis zu diesem Augenblick hatte ich meine Beine nie als Problem wahrgenommen. Jetzt aber fühlte ich mich plötzlich schuldig dafür, dass sie nicht besser waren. Dass ich die falschen Sachen trug. Dass ich einfach ganz und gar nicht so war, wie man es von mir erwartete. Ich hoffte inständig, meine Mangelhaftigkeit würde Vova nicht auffallen, aber nein, er saß schon am Tisch, vor sich eine Flasche Tequila. Der war gerade angesagt, wie bei uns zu Hause, endlich etwas Vertrautes in all der Fremdheit. Handrücken mit Zitrone beträufeln, Salz daraufstreuen, Toast aussprechen, ablecken, Kurzen trinken, in Zitronenscheibe beißen, lachen.

Nichts drehte sich, meine Gedanken blieben angenehm klar, was erstaunlich war. Ich schrieb es dem Heringssalat zu, den wir zwischendurch aßen – die Russ*innen wussten eben, wie sie es mit der Sauferei anstellen mussten. Vielleicht war ich auch einfach endgültig im Erwachsenenleben angekommen. Schließlich hielt ich gerade mit zwei ausgewachsenen Männern mit. In Gedanken sah ich mich schon meine geblümten Kinder-Nachthemden in den Müll tragen. Vovas Blicke auf meinen Teenie-Brüsten bestätigten mich nur in dieser Vision. Ich war im Begriff, eine Frau zu werden, war begehrenswert und schön! Es folgte Trinkspruch auf Trinkspruch auf Trinkspruch, dann rief mein Onkel: »Lasst uns tanzen! Hey, deutsche Nichte, wie wäre es mit was Deutschem? Wie wäre es mit ›Moskau‹?«

Ich schmiss keine Gläser an die Wand. Sondern meinen Körper auf Vovas, ich sprang an ihm hoch, als wäre die Schwerkraft nur ein Witz, umklammerte seine Taille mit meinen unförmigen Beinen und drückte meinen Mund auf seinen. Knutschen, das konnte ich! Und dann konnte ich nichts mehr.

Und irgendwann wachte ich auf. Ich wachte auf davon, dass es wehtat. Zwischen meinen Beinen. Als ob es mich zerriss. Vova über mir. Ich wollte irgendetwas sagen, aber alles, was mein Mund zustande brachte, war ein heiseres Blöken. Mein Kopf dumpf, mein Körper ohne jedes Gefühl, nicht zu bewegen, das Ding, und der Schmerz in meiner Mitte. Was passierte? Mein dumpfer Kopf, er fiel nach links. Im Halbdunkel saß jemand und schaute rüber. Es war mein Onkel. »Was ist, hast du Lust, es mit mir zu machen?«, fragte er und grinste. Da erst begriff ich. Das hier war Sex. Und plötzlich konnte mein Mund auch wieder reden. »Aber wir sind doch verwandt«, sagte der Mund, das Dümmste, was er von sich geben konnte. Er machte halt, was er konnte. Er versuchte es mit Argumenten. »Verwandt!«, lachte der Onkel. »Na gut. Wie du willst. Dann lass ich euch beide mal allein.« Er ging aus dem Zimmer, und mein Mund, der machte weiter. »Du bist doch verheiratet«, sagte er. »Das ist nicht okay.« – »Ist es«, antwortete Vova und drehte mich auf den Bauch. »Entspann deinen Hintern.«

Entspannen war das Letzte, was mein Hintern in diesem Augenblick wollte. Vova stieß trotzdem rein. Ich hätte vieles sagen können. Fick dich doch selbst, hätte ich sagen können. Geh runter von mir, du Arschloch, hätte ich sagen können. Ich hätte sogar schreien können. Aber mein tumber Kopf, der fand partout keine Option. Das alles passierte mit einer derartigen Selbstverständlichkeit, alle waren damit so okay, dass mein Kopf sich nach ein paar Minuten der Klarheit einfach wieder in die Ohnmacht abschaltete.

Als ich am nächsten Morgen aus dem Bad zurückkam, sah ich nicht nur die aufgerissene Kondompackung auf dem Boden liegen. Ich sah auch die Blutspur, die ich auf meinem Weg hinterlassen hatte. Tropf-tropf-tropf hatte es gemacht. Sofort wetzte ich zurück, holte Klopapier, wischte auf, so schnell ich konnte.

Mein Onkel lachte trotzdem. »War wohl wild gestern?« Ich wusste nicht, was ich sagen sollte. »Komm«, sagte er. »Das Frühstück ist fertig. Dein Liebhaber sitzt auch schon am Tisch.« Mein Liebhaber küsste mich auf die Wange und gab mir einen zärtlichen Klaps auf den Po. Als ich mich hinsetzen wollte, ließ mich der Schmerz in meinem Hintern zusammenzucken. »Mann, was hast du gestern Nacht gekotzt! Die ganze Wohnung war voll«, lachten alle. Tränen schossen mir in die Augen, aber da wurde mir schon Tee eingegossen und ein fröhliches Gespräch über das Kinoprogramm des Abends angestimmt. Es war alles in bester Ordnung.

Das also war mein »erstes Mal«, aber es hätte genauso gut auch mein zweites, drittes oder fünfzigstes sein können. Denn von männlichem Es-sich-einfach-Rausnehmen und weiblichem Über-sich-ergehen-Lassen handeln vor allem seit #metoo so abartig viele Geschichten, dass es fast schon unmöglich ist, sich einen anderen Ausgang auszudenken. Man muss nicht fünfzehn sein, um kein »Nein« über die Lippen zu bekommen, weil man anscheinend schon vorher irgendetwas Diffuses versprochen hat oder weil man niemanden brüskieren oder keinen Gesichtsverlust riskieren will oder es sich mit niemandem verscherzen oder einfach nur zu betrunken dafür ist. Vor allem aber, weil man sich selbst nicht vertraut. »Ich muss doch irre sein, wenn ich die Einzige bin, die das hier komisch findet«, wie oft wurde dieser lähmende Gedanke schon von Frauen gedacht?

Ich habe aufgehört zu zählen, wie oft in meinem Leben ich beim Ausgehen meinen Körper in den einer Schlange verwandelte, um von Typen wegzutanzen. Solchen, die sich ihren Schwanz an meinem Hintern hartreiben wollten. Oder mich mit einem Griff um die Taille so nah an sich ranzogen, dass ich ihren Döneratem im Gesicht spürte. Die meine Hand zu fassen suchten oder meinen Nacken. Und mir dann einfach ihre Zunge in den Hals schoben. Wie oft ich mir mitten am Tag ungefragt Kommentare über meinen Hintern oder meine Brüste anhören musste. Oder völlig unangebrachte Vorschläge, mal eben zusammen ins Hotelzimmer zu verschwinden. Wie oft ich von Typen vollgelabert wurde, obwohl ich schon lange »Nein, danke« gesagt hatte? Übergriffigkeit geht auch ganz ohne Anfassen, aber sie wird dadurch nicht weniger ekelhaft. Nur eine einzige Sache ist noch schlimmer: Dass das alles so normal ist.

Sexualisierte Gewalt durch Männer ist in unserer Gesellschaft so fest verankert, dass man von einer Rape Culture spricht. Einer Vergewaltigungskultur, die Übergriffe bagatellisiert und den Opfern durch Victim Blaming die Verantwortung für das Geschehene zuschiebt: Sie hat es ja nicht anders gewollt. Schließlich trug sie Reizwäsche, war besoffen oder hatte schon im Vorfeld rumgehurt.[12] Darum heißt es ja auch immer: Geh nicht allein aus, sauf nicht so viel, zieh dich nicht an wie eine Schlampe. Sei ein braves Mädchen, dann wird dir auch nichts passieren. Und wenn dir doch mal was passiert, dann Gnade dir Gott. Denn die Folgen, die ein angezeigter oder öffentlich gemachter Übergriff so mit sich bringt, sind vor allem für das Opfer zu spüren. Hat es erst einen Haufen von erniedrigenden, überhaupt nicht im Zusammenhang mit dem Fall stehenden Fragen beantwortet, kann es damit rechnen, dass ihm eh niemand glaubt. Denn verurteilt wird laut Statistik nur jeder achte Angeklagte. In dubio pro reo, schon klar. Wenn aber eh nur zehn Prozent aller Vergewaltigungen angezeigt werden, ist diese Bilanz einfach beschissen. An der Verurteilungsquote hat übrigens die Reform des Sexualstrafrechts aus dem Jahr 2016 nichts geändert: Nun heißt Nein zwar Nein – was bedeutet, dass für den Tatbestand eines Übergriffs weder Gewaltanwendung noch Androhung von Gewalt im Spiel gewesen sein muss; einfache Unmutsbezeugungen reichen. Das hat zwar dazu geführt, dass mehr Delikte angezeigt werden.

12 Kein Witz, das sind Argumente, mit denen Gerichte unserer westlichen Welt gerne mal den Vorwurf der Vergewaltigung abschmettern.

Am Ende steht aber auch hier in den meisten Fällen Aussage gegen Aussage, denn wenn es auf Kampfspuren nicht mehr ankommt, worauf denn dann? Spürbare Konsequenzen erleben Täter nach wie vor kaum.

Und so wappnen wir uns eben auf dem nächtlichen Nachhauseweg mit Wohnungsschlüsseln, die wir in unserer Manteltasche umklammern, wechseln die Straßenseite oder plärren Nonsens in unser Handy, wenn jemand hinter uns hergeht. Wir wissen, dass es lächerlich ist, denn die meisten Sexualstraftaten werden nicht von Menschen begangen, die aus irgendeinem Busch hervorspringen. Die meisten Menschen, die uns gefährlich werden können, kennen wir aus unserem Umfeld. Aber wie sollten wir uns schon gegen die schützen?

Die Vorstellung, dass der weibliche Körper nicht sich selbst, sondern zuallererst den Männern gehört, ist so alt wie das Patriarchat selbst. Heute werden wir zwar nicht mehr von unseren Vätern verheiratet, und von unserem Ehemann dürfen wir von Gesetzes wegen immerhin seit 1997 auch nicht mehr vergewaltigt werden. Aber ungefragt begrapscht, betatscht, bewertet oder kommentiert werden wir noch immer. Als hätten wir »Bitte, bedien' dich!« quer über unsere Titten geschrieben. Und dann diese Idee, man müsste es doch nur aus uns rauskitzeln, wir wollten es doch auch, nur könnten wir es nicht artikulieren. »Jede Frau ist eine Schlampe«, propagieren auch die Speerspitzen der männlichen Verführungskunst, die Pick-Up-Artists. Mit Beharrlichkeit kriegt man sie schon rum, das denken viele Männer, ungeachtet all der ausweichenden Körper, gequälten Gesichter, defensiv verstummenden Münder und aktiven Neins, die sie provozieren. Es sah so aus, als wollte sie? Ja, hast du sie mal gefragt?

Ich persönlich kenne keine einzige Frau, die von der Verletzung ihrer sexuellen Grenzen verschont geblieben wäre. Die meisten von ihnen mauerten all den Scheiß, den sie erleben mussten, lieber im Untergeschoss ihres Bewusstseins ein, schnitten sich lieber die Arme auf, als jemanden zu beschuldigen. Manchmal sind die abgefuckten Mechanismen der Scham eben stärker als jede Vernunft. Und nein, sie sind nicht selbst schuld, dass sie nicht früher mit der Sprache rausgekommen sind. Schuld sind erstens die, die ihnen dieses Trauma vermacht haben. Und zweitens die, die die herrschende Rape Culture verteidigen. Wenn also endlich Hunderttausende von Frauen den Mut finden, all diese wirklich schlimmen (oder einfach nur merkwürdigen) Dinge im Zuge von #metoo an die Öffentlichkeit zu tragen, dann können Catherine Deneuve und ihre Renegatinnen nur an Wahnsinn leiden, wenn sie um »die Freiheit, jemandem lästig zu werden« fürchten. Auch Svenja Flaßpöhler, Philosophin und prominente Kritikerin der #metoo-Debatte, sollte sich fragen, warum sie sich gegen ihre Geschlechtsgenossinnen stellt und lieber über sie herzieht, statt sie zu verteidigen.

Tatsächlich wurde zu diesem Thema bereits eine Menge an sozialpsychologischer Forschung betrieben. Man geht davon aus, dass Frauen, die sich mit (potenziellen) Tätern solidarisieren und sich weigern, sexualisierte Gewalt als strukturelles Problem zu begreifen, sich selbst auf diese Weise ein Gefühl von Sicherheit vermitteln wollen. Ist ein Opfer »selbst schuld« gewesen oder die ganze Sache sowieso halb so wild, erscheint die eigene Situation kontrollierbar. »Mir kann das nicht passieren« ist schließlich so viel schöner als »Auch ich könnte jederzeit von irgendeinem Widerling bedrängt/begrapscht/vergewaltigt werden«. Gleichzeitig macht es das Leugnen der Rape Culture und überhaupt einer männlich dominierten Welt vielen Frauen leichter, ihre untergeordnete Rolle zu ertragen.[13]

»Eine beängstigende Zeit für junge Männer«, das proklamiert nicht nur Donald Trump, sondern auch andere besorgte Vertreter des an-

13 Ein Shoutout an dieser Stelle für die Psychologin und Autorin Bilke Schnibbe vom Ficko Magazin, die zu diesem Thema Berge von wissenschaftlichen Arbeiten analysiert und zusammengefasst hat.

geprangerten Geschlechts ereifern sich. Selbst harmloses Flirten sei jetzt nicht mehr drin, und überhaupt, schwupps, kann dich jederzeit eine Falschbeschuldigung vernichten. Doch was ist eigentlich mit der Hölle, durch die Frauen schon rein systembedingt waten? Einer Hölle, die nicht erst im Jahr 2017 begonnen hat, sondern schon ein paar Tausend Jahre früher. Klar gibt es auch unter den Frauen Arschlöcher, die einem Mann gerne mal eins reindrücken, wenn sich die Gelegenheit bietet. Warum sollten sie auch die besseren Menschen sein? Die Zahl der Männer, die mit möglicherweise ungerechtfertigten Vorwürfen umgehen müssen, bleibt trotzdem ein schlechter Witz im Vergleich zu all den Frauen, denen auf welche Weise auch immer sexualisierte Gewalt widerfährt.

Zudem lebt es sich im Großen und Ganzen als Mann selbst mit plausiblen Vergewaltigungsvorwürfen recht gut, wie die Geschichte von Richter Kavanaugh in den USA zeigt. 2018 wurde er trotz des Vorwurfs der versuchten Vergewaltigung in den Obersten Gerichtshof berufen und hat jetzt auf Lebenszeit ein sicheres Auskommen. Die Frau, die ihm nach 40 Jahren die Tat vorwarf, Christine Blasey Ford, musste sich jedoch zahlreiche Umzüge und eine Sicherheitsfirma crowdfunden, weil die Morddrohungen gegen sie nicht aufhören wollten. In Deutschland geht es zwar weniger blutrünstig zu, aber auch hier könnten die Zeiten für junge (und alte weiße) Männer schlimmer sein. Das Ansehen von Dieter Wedel zum Beispiel scheint seit den Vergewaltigunsvorwürfen im Jahr 2018 nach einem kurzen Skandal kaum gelitten zu haben.

Wenn es jetzt also kurz ungemütlich wird, weil Typen nicht einfach so weitermachen können wie bisher, kann ich nur sagen: Sorry, Leute, da müsst ihr durch. Das Abendland wird schon nicht davon untergehen, wenn wir uns alle ein kleines bisschen rückversichern, ob wir die Signale unseres Gegenübers auch richtig verstanden haben. Ganz im Gegenteil, vielleicht erhebt es sich sogar wie Phönix aus der aschigen Kloake von sexualisierter Gewalt gegen Frauen, in der es heute noch genau so herumwabert wie vor hundert Jahren. Vielleicht bekommt uns das ja? Aber stattdessen wird herumgejammert, dass das alles die ganze schöne Stimmung zerstöre. Nein, die ganze schöne Stimmung macht etwas völlig anderes kaputt: Typen, die sich ohne zu fragen einfach holen, was sie wollen.

Keine Sorge, so lange Menschen miteinander in Kontakt kommen, solange wird es auch Missverständnisse zwischen ihnen geben. Wir *werden* einander lästig sein, daran gibt es keinen Weg vorbei. Ich werde dir schöne Augen machen, und du wirst mit deinen rollen. Du wirst mir beim Knutschen sagen, du willst mich ficken, und ich werde antworten: Fick dich doch selbst. Es wird nie einen hundert Pro harmonischen Gleichklang in unseren sexuellen und sogar asexuellen Beziehungen geben. Aber wir können etwas dafür tun, dass wir uns alle, Männer wie Frauen, gleichwertig und mit Respekt behandelt fühlen. Dazu gehört nicht nur, niemanden anzufassen, ohne sich sicher zu sein, dass die Person das auch will (und nein, ein scharfes Outfit ruft nicht »Lang zu!«). Sondern auch zu akzeptieren, dass Nein tatsächlich Nein bedeutet und nicht »Überrede mich noch ein bisschen, vielleicht blas ich dir dann einen«. Ignorieren, Weggehen, nicht mehr auf Nachrichten antworten, allgemeines Kein-Interesse-Zeigen bedeuten übrigens auch: Nein.

Und wenn man nicht hundertprozentig sicher ist? Einfach nachfragen. Ist gar nicht so schwer. Ach so, und vielleicht noch mal in barrierefrei für diejenigen, die besonderer Erläuterungen bedürfen: Fragen à la »Soll ich dir meinen Schwanz zeigen?« sind definitiv kein Angebot, das eine Frau aus dem Nichts heraus bekommen möchte. Nicht mal, wenn ihr bei eurem Date (nicht Arbeitstreffen) schon beim Dutzi-dutzi-was-auch-Immer angekommen seid. Es sei denn, es gehört zu euren kleinen versauten Exhibitionist*innen-Spielchen, bei denen ihr die Regeln (hoffentlich) bereits im Vorfeld geklärt habt. Dann natürlich: Ab dafür!

Damit es mit der Gleichwertigkeit auch klappt, müssen wir aber alle mitziehen. Denn solange es normal ist, dass *er* den ersten Schritt macht und *sie* sich immer ein bisschen ziert, um nicht allzu verfügbar zu erscheinen, bleibt es schwierig. Genauso, wenn Mädchen nicht lernen, eindeutig Nein zu sagen, sondern Typen lieber im Ungewissen lassen und sich dann fragen: »Warum merkt er es denn nicht von selbst?« Einfacher wird es für alle, wenn jede*r von uns klar kommuniziert, worauf er*sie Bock hat und worauf nicht. Und ja, es schadet nicht, wenn Männer sich ein kleines bisschen zurücknehmen und mal der Frau den ersten Schritt überlassen. Nicht, weil ich per se aus dem aktiven Geschlecht ein passives machen will und anders herum. Sondern damit wir alle mal in den Genuss kommen, Rollen anzuprobieren, die wir nicht unbedingt mit der Flaschenmilch eingesogen haben.

Was mich angeht, so habe ich mit #metoo beschlossen, dass ich es nicht mehr wortlos hinnehme, wenn jemand meine Grenzen übertritt. Mein Körper ist nicht mehr der einer Schlange. Und wenn, dann der einer, die im richtigen Moment zubeißen kann. Eines Nachts schließlich habe ich tatsächlich zugeschlagen, als mich beim Tanzen einer an der Taille packte. Ohne drüber nachzudenken, eher aus Reflex, in dem Moment, als meine Ohnmacht plötzlich zu Wut wurde. Ein schlaffer Schlag, nicht besonders zielgerichtet, vermutlich sogar ziemlich plump. Niemand um uns herum schien das wirklich mitbekommen zu haben, vielleicht sah es sogar aus wie ein kleines, ganz normales Techtelmechtel auf der Tanzfläche. Aber es wirkte auch ganz ohne Schmerz oder sozialen Druck. Der Typ kam den ganzen Abend nicht mehr wieder. Und auch keiner von seinen Kollegen.

Wer weiß, vielleicht hatte das ganze Adrenalin die Zusammensetzung meines Schweißes von süßem Pheromon zu stinkigem Pumakäfig verändert. Vielleicht hatte sich irgendetwas Irres in meinen Blick geschlichen. Oder Unweibliches in meine Körperhaltung. Ich habe keine Ahnung. Aber selten habe ich so befreit getanzt wie in dieser Nacht.

Erst auf dem Nachhauseweg fiel mir ein Text aus dem Magazin *Ficko* ein, den ich vor einer ganzen Weile gelesen hatte. In *Billie im Bann der Dämonen – Was passiert ist, seit ich Grapscher schlage* beschreibt eine Frau, wie empowernd es sein kann, nicht mehr alles über sich ergehen zu lassen. Ich hatte lange nicht mehr an diesen Text gedacht, aber mein Gehirn hatte seinen Inhalt gespeichert, als Alternative zu »Aushalten« oder »Nicht mehr hingehen«. Auf die Fresse, Alter. Nein, besonders nett ist das nicht. Aber ein ungefragter Griff an meinen Hintern, der ist auch nicht besser.

Und ich habe mich nach beinahe zwanzig Jahren getraut, meinen Moskauer Onkel mit all dem Schmerz dieser einen Nacht zu konfrontieren. Der einzige Beweis dafür, dass sie tatsächlich stattgefunden hatte, war seine Angewohnheit, bei jeder sich bietenden Gelegenheit »Aber wir sind doch verwandt!« zu wiehern. Darüber geredet hatten wir jedoch nie.

Ein Besuch der Moskauer Sippe stand an, in wenigen Tagen sollte er zusammen mit seiner Frau und den drei Kindern bei uns vorfahren. Wie jedes Mal vor solchen Familientreffen konnte ich tagelang weder denken noch schlafen. Aber nun war ich zufällig grade an einem Punkt angekommen, an dem ich nicht mehr bereit war, alles zu schlucken, was man mir in den Rachen spritzte. Also schrieb ich meinem Onkel eine Nachricht. Ich erklärte, dass ich nicht vorhabe, weiter so zu tun, als sei da nichts gewesen. Und dass wir den Besuch besser abblasen. Denn vor unseren Familien konnten wir das schließlich schlecht diskutieren. Seine Reaktion darauf war fast schon erwartbar gewesen. Sie lautete: »Du wolltest Spaß, und wir haben dafür gesorgt, dass du ihn bekommst. Das alles war einvernehmlich, was willst du eigentlich?« Auch meine Tante stellte sich hinter ihn.

In diesem Moment begriff ich, dass ich diesen Teil meiner Familie für immer hinter mir lassen muss. Denn ich will nie wieder mit jemandem an einem Tisch sitzen, der komatöse Mädchen an seine

Freunde verschachert. Und hinterher auch noch behauptet, da sei doch gar nichts dabei.

Ich weiß, von außen betrachtet war das schon lange überfällig. Aber niemand, der das nicht selbst durchgemacht hat, weiß, wie wahnsinnig, wahnsinnig, wahnsinnig schwer das ist.

Ja, ich will

Zustimmung ist sexy.

An diesem Punkt sollten wir uns inzwischen alle einig sein: Das Zusammensein unserer Geschlechtsorgane (und Münder, Hände, Herzen) braucht dringend neue Regeln. Ich weiß, ich weiß, das klingt erst mal nach wenig Spaß. Aber! Auch dazu habe ich eine Geschichte.

Lange, bevor die Schweden daran dachten, »Ja heißt Ja« gesetzlich zu verankern, hatte ich ein Date. Es lief ganz gut, fand ich. Seit Stunden schon tranken Malte und ich Bier, lachten über flache Witze und unser gemeinsames Faible für miese Jobs. Unsere Hände hatten sich in der letzten halben Stunde immer wieder »rein zufällig« berührt, jetzt kamen sich auch unsere Köpfe näher. Auf geht's, dachte ich, und brachte mich in Kussposition. Doch statt loszulegen, räusperte Malte sich. Und fragte: »Darf ich dich küssen?« Ich konterte mit einem Lachanfall. Alter, konnte das echt so schwierig sein, meine Körpersprache und diese verdammt deepen Blicke, die ich ihm zugeworfen hatte, zu deuten? Derart wenig Empathie war doch nicht möglich. Unauffällig sah ich mich nach einer versteckten Kamera um. Das konnte nur eine Verarschung sein. Wie sich herausstellte, war es alles andere als das. Sondern meine erste Real-Life-Begegnung mit dem Zustimmungskonzept.

Die Idee von *Sexual Consent* war in den USA zwar schon länger verbreitet, bei uns aber erst seit einigen Jahren auf dem Radar des (feministischen) Bewusstseins erschienen. Ich selbst hatte schon vor Ewigkeiten auf feministischen Blogs davon gelesen und »Nette

Idee. Aber was für ein anstrengender Bullshit« gedacht. Nett, weil niemand ernsthaft bestreiten würde, dass »Ja heißt Ja« tausend Mal besser ist als »Nein heißt Nein«. Anstrengend aber, weil es, konsequent durchgeführt, ständiger Verhandlung bedarf. Vor jedem weiteren Schritt der sexuellen Begegnung steht eine verbale Rückversicherung an: »Willst du …?«, »Darf ich …?«, »Würdest du es mögen, wenn …?« Ach nö, befand ich. Läuft doch auch nonverbal ganz gut. Dabei hatte ich, auch abgesehen von meinem persönlichen Alptraum Vova, Dinge getan oder mit mir machen lassen, die ich nicht mochte. Wie oft hatten Männer, mit denen ich ja schlafen *wollte*, mich viel zu grob angefasst oder ihren Schwanz ohne zu fragen in mich reingesteckt, obwohl ich gut und gern noch ein Vorspiel vertragen hätte. Wie oft hatte ich mich zu Sex überreden und überrumpeln lassen, weil ich nicht schnell genug war mit meinem Nein. Ich dachte: »Der muss doch merken, was ich will und was nicht!« Wurde steif, zögerlich, machte nicht mit. Gewertet wurde das allenfalls als stummes Einverständnis.

Eine meiner Affären hatte damit begonnen, dass der Typ, den ich beim Tanzen aufgegabelt hatte, sich morgens mit mir zusammen durch meine Wohnungstür quetschte – nachdem ich ihn unten schon verabschiedet hatte. Im dunklen Flur presste er mich gegen die Wand und betatschte mich so brutal, dass es wehtat. Mein »Ähm, äh, warte mal« ging ihm am Arsch vorbei, wir hatten vorher ja geknutscht im Club und auf dem Heimweg, und wie wir das hatten. Auch »Ich will wirklich nicht« war nicht genug. Auf der Fensterbank lag das Telefon, ganz in Griffweite, und das erinnerte mich daran, dass ich doch nicht so ganz ohnmächtig war. »Ich ruf die Bullen, wenn du nicht aufhörst, ernsthaft«, keuchte ich irgendwann. Er lachte, aber es half. Was mich heute fassungslos macht: Trotz allem habe ich später noch was mit ihm angefangen.

Selbst schuld? Auf jeden Fall. Mit mir aber noch sehr viele andere, wie die Berichte der letzten paar Jahre zeigen. Denn wir bewegen uns in einem System, in dem es normal ist, dass körperliche und seelische Grenzen von Frauen durch Männer überschritten werden, und wir machen mit, wenn wir sie lassen.[14]

Und weil ich es nicht anders kannte, fiel mir nichts Besseres ein, als laut über den Mann zu lachen, der mir als Erster überhaupt die Entscheidung überließ, wie nahe er mir kommen durfte.

Falls es Nachfragen geben sollte: Nein, mein Leben ist kein einziger Missbrauchsskandal, und ja, es gab auch bis zu diesem Moment einen Haufen liebe- und rücksichtsvoller sexueller Erfahrungen darin. Und doch war ich all die Zeit besessen von diesem stummen Einverständnis, das die meisten in der Liebe voraussetzen. Dass man schon irgendwie zusammenfindet. Dass man auf jeden Fall dasselbe will. Und dass es nur *eine* Richtung gibt, wenn man miteinander körperlich wird. »Lust soll immer wortlos, bedingungslos und zweifelsfrei sein – als ob es irgendetwas gäbe zwischen zwei Menschen, das wortlos, bedingungslos und zweifelsfrei stattfindet«, schreibt die Publizistin Carolin Emcke in ihrem Monolog *Ja heißt Ja und …*

Nur weil wir es mögen, wie jemandes Zunge unsere Lippen liebkost, heißt das nicht, dass wir auch an den unteren Lippen liebkost werden wollen. Und nur weil wir *das* mögen, gilt das nicht automatisch für Rein-Raus. Sexualität ist keine Einbahnstraße ohne Anhalte- oder Umkehrmöglichkeit. Und doch wird sie allzu oft genau so gelebt und für normal befunden.

Heute bin ich diejenige, die von meinen neuen Sex-Partner*innen im besten Fall verständnisloses Kichern, im schlimmsten Bist-du-nicht-ganz-dicht-Blicke abbekommt. Denn nun frage ich meist, bevor ich küsse oder meine Hände unter T-Shirts wandern lasse. Und wenn ich an jemandes Hose will oder ein Gummi zücken, dann frage ich noch mal. Und noch mal. Ich mache das, auch wenn es Männer waren, die Frauen über Jahrtausende sexuell unterdrückt

14 Wer's nicht recht glauben mag: Die Journalistin Caroline Rosales hat das alles sehr schön in *Sexuell verfügbar* zusammengefasst. Lesen lohnt sich!

und ausgebeutet haben. Auch wenn viel zu viele von ihnen es offensichtlich bis jetzt nicht lassen können, Frauen ungewollt mit ihren Schwänzen zu behelligen. Auch wenn wir verzweifelt nach den wenigen Frauen suchen müssen, die keine einzige Erfahrung aus dem #metoo-Kosmos mitbringen. Ich mache das, weil es richtig ist. Weil niemand ungefragt über den Körper eines*einer anderen bestimmen sollte, egal welches Geschlecht er*sie hat, egal wie sehr er*sie das in diesem Augenblick auch möchte. Und weil es entgegen der landläufigen Meinung auch Männer gibt, die sich in manchen Situationen nicht wohl oder unter Druck gesetzt fühlen und das nicht artikulieren können. Konsens geht in alle Richtungen.

Mir ist verbale Zustimmung besonders wichtig in der Zeit, in der ich eine Person neu kennenlerne und wir anfangen, uns körperlich näherzukommen. Mit zunehmender Intimität nimmt die Fragendichte dann ab. Wenn ich erst weiß, das Brustwarzen-Lecken meine*n Partner*in in ekstatische Zustände versetzt, hole ich mir nicht jedes Mal sein*ihr Okay ab, wenn ich mich beim Sex an die Nippel machen will. Vieles lässt sich nach einer Weile auch durch Blicke regeln oder durch Gesten. Gummi erst zeigen statt einfach ungefragt überziehen zum Beispiel. Berührungen langsam angehen und fragen, ob sie gefallen, bevor man sie intensiviert.

Und das Beste daran: das Zustimmungskonzept zu praktizieren ist ganz und gar nicht anstrengend. Es erfordert vielleicht etwas mehr Achtsamkeit als Einfach-drauflos-Machen, aber die zahlt sich gleich in mehrfacher Hinsicht aus.

Ein »Ja« ist nämlich die schönste Einladung, um weiterzugehen, die man sich vorstellen kann. Nicht umsonst ist das in den Pornos das meistgeschriene Wort. Außerdem lassen sich alle Fragen und Antworten auch ganz hervorragend dirty talken – einen besseren Anlass kann es dafür praktisch nicht geben. Und mich persönlich macht es sowieso total an, darüber zu reden, was wir alles mit welchen Körperteilen gleich tun werden.

Es ist das Wesen von Kommunikation, Menschen einander näherzubringen – und Intimität sorgt bekanntlich für besseren Sex. Gleichzeitig können wir uns beieinander sicher fühlen in dem Wissen, dass wir beide alles dafür tun werden, unsere Grenzen gegenseitig nicht zu verletzen und einander respektvoll zu behandeln (und dieses Gefühl wird sich auf alle Ebenen der Beziehung positiv niederschlagen).

Das Fragen bringt uns auch dazu, unser Wollen mehr zu reflektieren. »Bin ich wirklich schon bereit dazu, brauche ich noch etwas Zeit oder möchte ich das heute/niemals machen?«, sind Fragen, die wir uns im Affekt häufig nicht stellen und stattdessen dem Automatismus der Einbahnstraße gehorchen. Dabei helfen sie auf unprätentiöse Weise, die eigenen Grenzen zu spüren und zu wahren. Und selbst wenn die Antwort in den meisten Fällen »Hundert Mal: Ja!« lautet, ist es umso schöner, die eigene Lust zu spüren und ihr Ausdruck zu verleihen.

Ich erwarte nicht von meinem Gegenüber, im Bett ständig nach meinem Befinden gefragt zu werden. Schließlich ist das Zustimmungskonzept immer noch nicht sehr weit verbreitet. Aber ich erlaube mir, selbst zu sagen, was ich grade möchte, was ich mag und was nicht. Wann ich bereit bin fürs Eindringen, will ich selbst bestimmen. Niemand soll sich einfach so an meiner Vagina bedienen. Manche Männer verunsichert das krass, denn sie sind es nicht gewöhnt, dass eine Frau sich artikuliert. Mit manchen muss die Action dann ein jähes Ende finden, wenn ich merke, dass ich keinen Bock auf fremdes Tempo habe. Auch das ist okay – und sollte es viel mehr sein. Niemand von uns hat die Pflicht, beim Vögeln bis zum bitteren Ende durchzuhalten. Die Pflicht zur Achtsamkeit hingegen, die sollte ein fettes Mahnmal bekommen.

Aus dem anfangs erwähnten Date wurde übrigens mit sofortiger Wirkung eine Liebesbeziehung. Die Wirkung ist zwar inzwischen schon längst verflogen, aber jedes Mal, wenn sich ein Mann dazu anschickt, einfach so mit Was-auch-Immer loszulegen, muss ich an Malte denken. Daran, wie er sich vor jedem einzelnen Schritt in Richtung Intimität vergewisserte, ob ich das auch wirklich will.

Und an dieses Wahnsinns-Geschenk, das er mir machte, als er fragte: »Darf ich dich küssen?«

Lass stecken, Alter

Komplimente kommen aus der Hölle.

»Du hast aber schiefe Zehen, meine Fresse.«

»Lass mich deine Füße küssen, die sind so krass heiß.«

»Deine Augen sind der Wahnsinn.«

»Du schielst doch!«

»Warum rasierst du dich nicht da unten? Alle tun das.«

»Deine Pussy ist einfach perfekt. Nicht zu große Schamlippen, niedlicher Kitzler.«

»Geiler Hintern!«

»Die Hose lässt deinen Arsch aber ganz schön flach aussehen.«

»Du könntest auch mal ein bisschen Sport machen, so nach drei Kindern.«

»Deine vielen Kinder sieht man dir aber gar nicht an.«

»Du bist die schönste Frau, die mir je begegnet ist.«

»Du bist so hässlich, das geht gar nicht.«

Auf der Straße, in der Koje, bei der Arbeit, selbst auf dem verdammten Kinderspielplatz – als Frau bin ich daran gewöhnt, dass mein Aussehen in jeder Lage ungefragt von Männern bewertet und kommentiert wird. Sie nennen mich Göttin, Abschaum oder irgendwas dazwischen, heben mich hoch oder trampeln auf mir rum, einig werden sie sich nie. Vermutlich labern die meisten ohnehin nur unkontrolliert vor sich hin. Und obwohl ich ja weiß, dass auf ihre Meinungen nicht besonders viel zu geben ist, war es mir die längste Zeit meines Leben wichtig, gut dabei abzuschneiden. Wobei einfach nur

»wichtig« schon fast gelogen ist. Es war mindestens so überlebenswichtig, wie nicht aus Versehen fett zu werden oder das Kulturtäschchen mit der Schminke irgendwo liegen zu lassen. Schön wollte ich von ihnen gefunden werden und begehrenswert, da war es auch schon fast egal, ob ich sie selbst schön und begehrenswert fand.

Auch wenn ich diesen plumpen Satz nie und nimmer unterschrieben hätte: Mein Aussehen war mein Kapital. Nicht, dass ich für meine hübschen Brüst…, Entschuldigung, Augen, je irgendwas bekommen hätte außer vielleicht ein paar Gratis-Drinks. Dafür sehe ich vielleicht auch einfach zu durchschnittlich aus. Aber emotional, da brachten sie mir ganze Goldbarren ein. Wenn Männer mir sagten, wie toll ich bin, fühlte ich augenblicklich meinen Wert steigen. »Ich bin wer«, bedeutete das. Eine Frau zu sein, die über ein gewisses erotisches Kapital verfügt, das ist schließlich fast genau so gut, wie als Mann Kohle und/oder Status zu haben. In einer Welt, in der Frauen nicht viel zu melden haben, ist ihr Körper ihre Waffe und ihre Fickbarkeit der Fahrstuhl nach oben.

Fette, blasse, alte Typen regieren die Welt, leiten Konzerne, langweilen im Fernsehen, und keiner schert sich drum. Schaffst du es als Frau aber auf irgendeine noch so unbedeutende öffentliche Bühne, dann geht es kaum darum, was du sagst, sondern allein um die Frage, ob du hot genug dafür bist. Und bist du's nicht, dann hilft dir bestimmt eine überteuerte Anti-Cellulite-Creme oder ein Fitnessclub-Abo – oder zumindest hilft es ein paar fiesen Konzernchef*innen mit Dollarzeichen in den Augen.

Seit meine elfjährige Tochter auf Casting-Shows hängengeblieben ist, denke ich zum ersten Mal in den vielen Jahren meiner Mutterschaft ernsthaft darüber nach, meinem Kind etwas zu verbieten. Denn selbst wenn wir das nur allzu offensichtliche Grauen bei Heidi Klums *Germany's Next Topmodel*[15] beiseite lassen, spielen die (zumeist

15 Hat sich eigentlich mal jemand gefragt, warum es so eine Sendung nicht auch für männliche Models gibt?

männlichen) Juror*innen auch bei singenden Kids jedes Mal das gleiche Bewertungsspiel: Wenn die Jungs gut singen, dann singen sie halt gut. Wenn die Mädels aber abliefern, dann heißt es: »Mann, bist du eine Hübsche! Und singen kannst du auch noch!« Es geht nicht in erster Linie darum, was sie kann, sondern wie sie aussieht.

Auch wenn es ans Verführen geht, *müssen* Männer Frauen Komplimente machen, das gehört zum Balzritual wie ganz zum Schluss der Penis in die Vagina. Sagt er nicht, wie besonders sie ist, und wenn es sich nur um ihren kleinen Zeh handelt, den er da so euphemistisch rühmt, dann stimmt was nicht. Männer müssen Frauen sogar dann Komplimente machen, wenn sie nicht im Traum daran denken, mit ihnen ins Bett zu gehen, einfach nur, damit sie sich gut fühlen. Denn allein schaffen sie das offenbar nicht.

Der weibliche Körper wird seit jeher von Männern objektifiziert und bewertet. Und weil wir gelernt haben, dass es uns Vorteile bringt, geil gefunden zu werden, geilen wir uns daran auf. Ein »Du bist schön« aus dem Mund eines Mannes, den wir schätzen (und oft nicht mal das) – und schon trieft das Höschen unseres Selbstvertrauens. Der gleiche Satz aus dem Mund einer Frau ist zwar angenehm, bleibt aber ohne nachhaltigen Effekt. Und umgekehrt funktioniert das auch nur begrenzt: Natürlich freuen sich auch Männer über Komplimente vom anderen Geschlecht, aber erstens definieren sie sich nicht so krass über ihr Äußeres, wie Frauen das tun, und zweitens beziehen sie ihren Wert erst recht nicht darüber, dass Frauen sie positiv bewerten.

Ist das nun ein speziell weibliches »Problem«? Mitnichten. Das liegt aber nicht daran, dass die Ansprüche an den männlichen Körper in den vergangenen Jahren nachgezogen haben mögen. Als Kerl kannst du immer noch stolz deinen haarigen Bierbauch im Freibad spazieren tragen, ohne dich auf abfällige Kommentare gefasst machen zu müssen. Niemand wundert sich, wenn du dich nicht schminkst oder deine grauen Haare graue Haare sein lässt. Nach

Frauen, die Bikini tragen, obwohl sich ihr Bauch nicht (mehr) nach innen wölbt, kann man dagegen lange suchen. Und wenn man eine gefunden haben sollte, kann man sichergehen, dass irgendwer hinter ihrem Rücken »Kann die sich nicht mal was anziehen?« mault. Irgendwer mit einem Penis, versteht sich.

Voilà: Es ist das Problem einer Gesellschaft, in der Frauen als das »schöne Geschlecht« gelten und Männer die Maßstäbe dafür setzen, was dieses »Schöne« eigentlich ist.

Sie geben uns gern Punkte von eins bis zehn, einfach so mal eben zwischendurch, weil's ein Spiel ist und Spaß macht. Und weil es sie mächtig fühlen lässt. Denn genau das ist es, was man spürt, wenn man sich über jemanden stellt, um ein Urteil über seine*ihre Güte, in unserem Fall die Fickbarkeit, abzugeben: Verdammt große Macht.

Auch im noch so nett gemeinten Kompliment schwingt sie mit. Denn am Ende ist Lob auch nur die hübschere Seite der Bewertungs-Medaille. Das Prinzip bleibt das Gleiche. Eine*r stellt sich hin und entscheidet über die anderen.

Aus diesem Grund schüttelt es mich inzwischen auch wie im Fieberrausch, wenn mir Typen erzählen, was für einen tollen Arsch oder welch grandiose Taille oder whatever ich habe. Ich habe es so satt, dass mein Körper von ihnen bewertet und kommentiert wird. Er ist, was er ist. Also lasst ihn in Ruhe.

Und nein, ich brauche auch niemanden, der mein angeknackstes Selbstwertgefühl repariert, indem er mir ein sogenanntes »gutes Gefühl« gibt. Das schaff ich schon selbst. Nicht über mein Aussehen (so wichtig ist mir mein Körper dann doch nicht), sondern darüber, was mein Hirn so reißt und vielleicht auch mein Herz.

Darf man mir jetzt also gar nichts Nettes mehr sagen? Natürlich darf man. Man darf mir alles Mögliche an den Kopf werfen, wir haben immerhin nicht umsonst das Recht auf freie Meinungsäußerung, nur geil finden muss ich das, was ich höre, nun wirklich nicht.

Sich mitteilen geht aber auch ohne Wertung. Wirklich. Indem man nämlich bei sich dem eigenen Erleben bleibt. »Ich freu mich, dass es dir gut geht« statt »Du siehst heute aber frisch aus« oder »Wenn ich deine Lippen sehe, will ich sie küssen« statt »Was'n sexy Mund« oder »Dein Hintern macht mich total an« statt »Du hast den perfekten Arsch«. Das nur als kleine Vorschlagsreihe.

Ist nicht schwer. Kein bisschen. Macht aber einen riesigen Unterschied.

Gut gefälscht ist nicht gekommen

Wann »Fake it till you make it« nicht zieht.

Es gibt Momente im Leben, da muss man tun, was man tun muss. »Ahhh«, machte ich also, bäuchlings über den Küchentisch gelehnt. Vorne das kühle, weiche Holz, hinten ein heißer, harter Schwanz, eine perfekte Kombination, was blieb mir anderes übrig, »Ahhh, ahhh, aaaaahhhhh«, nur ein bisschen noch, und schon zuckte und wand ich mich, als würde mein Uterus sich nicht einfach nur zusammenziehen, nein, das war ein epileptischer Anfall, und zwar ein lebensbedrohlicher. Ein Blick über die Schulter, dahin, wo sich Marks Mundwinkel für einen kurzen Moment siegesgewiss nach oben zogen, um sogleich abzusinken. Seine Lippen öffneten sich leicht, jetzt würde er gleich kommen. Es war mein exzessiver kleiner Tod, der ihn so anmachte, dass Weitervögeln unmöglich wurde.

Schade nur, dass es diesen Tod nicht gab, nicht mal in klitzeklein. Nicht ein einziges Mal in den gesamten drei Monaten, die wir bisher zusammen verbracht hatten. Obwohl ich Mark mehr mochte als alle Typen des letzten Jahres zusammengenommen und das, was wir im Bett (oder wo auch immer) zusammen machten, auch, war nichts an meiner Performance echt. Sobald ich nackt war, wurde ich zu einer Maschine, die zwar genau wusste, wie sie ihrem Gegenüber das Vergnügen seines Lebens bereiten konnte. Deren eigenes Vergnügen aber höchstens in einer perfekten Simulation bestand. Und das, obwohl ich nie zu den Frauen gehört hatte, die Probleme damit haben, zum Orgasmus zu kommen. Was zur Hölle war mit mir passiert?

Begonnen hatte alles vor etwa einem Jahr. Gerade hatte ich mich aus einer langjährigen, herzzerfetzenden Beziehung gelöst und in meiner jugendlichen Torheit beschlossen, dass es für meine geschundene Seele keine bessere Medizin auf dieser Welt geben könnte als Feiern und Ficken. Schließlich war ich die letzten zehn Jahre durchgehend in festen Beziehungen gewesen, da konnte man schon mal ein bisschen auf die Kacke hauen. Und so trieb ich mich Wochenende für Wochenende durch die Partys der Stadt, hangelte mich von Affären zu Affäre, von One-Night-Stand zu One-Night-Stand und zelebrierte etwas, das ich für die ultimative Berlin-Experience hielt.

Mein Kopf tat das zumindest. Mein Körper hingegen ließ all die dazugehörigen Freuden eher sang- und klanglos über sich ergehen, als darauf so abzugehen, wie ich es von ihm erwartete. Egal, mit wem ich schlief, nach ein paar Minuten Kopulation wurde aus meiner anfänglichen Erregung Langeweile, und aus der Langeweile wurde Verzweiflung. Man konnte mich vögeln, lecken, streicheln – es passierte nichts. Das konnte nicht ich sein, beschloss ich. Ich war doch die mit den vielen Orgasmen, die, die ihr Freund nur anzugucken brauchte, damit sie kam. Und weil ich alles wollte, außer mir selbst einzugestehen, dass da etwas nicht funktionierte, dass *ich* nicht funktionierte, fing ich an, es vorzuspielen.

Nicht, dass ich es vorher noch nie getan hätte. Ein paar Mal in meinem Leben war es mir bereits recht sinnig vorgekommen, gerade bei unverbindlichen Techtelmechteln, nicht vorhandenes Vergnügen zu spielen. Wenn der Kopf beim Sex woanders war. Der Typ sich blöd anstellte. Oder es mal wieder länger dauerte. Einfachste Lösung: »Ja! Ja! JA! JA! JA! ... Oh mein Gott ...« rufen und ein bisschen zucken, fertig. Alle sind glücklich, Happy End. Oder auch nicht.

Zumindest aber erspart man sich so jegliche Diskussion, niemand wird vor den Kopf gestoßen, und keine*r wirkt, als wäre er*sie unfähig, Spaß zu haben. »Denn«, wie die Autorin Nora Bossong in ihrer Reportage *Rotlicht* so schön schreibt, »das Einzige, das in unserer

Gesellschaft noch schambehafteter ist als ein Orgasmus, ist das Ausbleiben eines Orgasmus'.«

Glaubt man einer Studie der Berliner Charité, haben 90 Prozent aller Frauen mindestens ein Mal in ihrem Leben einen Orgasmus vorgetäuscht. Das Meinungsforschungsinstitut YouGov spezifiziert: Ein Drittel der befragten Frauen faken *mindestens* ab und zu. Was bedeutet: Manche tun es eben noch öfter. Aber wie das mit Umfragen so ist – selbst im Schutz der Anonymität neigen Menschen dazu, sozial erwünschte Ergebnisse anzugeben. Insofern könnte die Dunkelziffer weit höher liegen. Ob ein großes Stöhn-Konzert wie damals in *Harry und Sally* oder ein leise gehauchtes »Ich komme«: Auf die Schliche kommt man der Täuschung sowieso nicht, denn wo kein Samen, da kein Beweis. Und so glauben auch nur 36 Prozent der befragten Männer, dass ihnen eine Partnerin jemals einen Höhepunkt vorgetäuscht hätte. Aber wie sollten sie es auch besser wissen, wenn ihnen nie jemand sagt: »Sorry, Schatz, das wird so nix!«, sondern sie stattdessen die allergrößte Lust vorgespielt bekommen?

Fake it till you make it, das ist ein probates Mittel in vielen Lebenslagen. In meinem Fall aber folgte wider Erwarten auf das Faken kein Maken, ganz im Gegenteil. Ich war so perfekt darin geworden, erdbebengleiche Orgasmen vorzuspielen, und die Reaktionen darauf fielen jedes Mal so frenetisch aus, dass es nicht nur unmöglich erschien, damit aufzuhören: Je öfter ich schauspielerte, desto seltener wurden die echten Orgasmen, bis sie irgendwann ganz ausblieben. »Das ist nur eine Phase«, beruhigte ich mich selbst. »Liegt garantiert daran, dass das alles nix Verbindliches ist. Wenn du dich verliebst, wird das schon wieder.«

Und da war ich nun. Seit drei Monaten verliebt in Mark. Ich nannte ihn »Freund«, er nannte mich »Freundin«, und was wir hatten, nannten wir »Beziehung«. Aber geändert hatte das nichts. Und was für eine Beziehung sollte das überhaupt sein, wenn sie auf einer Lüge fußte? Jedes Mal, wenn wir miteinander schliefen, lag sie zwischen uns. Sie zwinkerte mir aus seinen Augen zu, wenn er mir sein postkoitales Lächeln zuwarf. Sie machte ihn zu einem besseren Liebhaber, als er es war, und mich zu einer armseligen Schauspielerin. Wieder allein machte ich mir Vorwürfe, schwor mir selbst, es ihm beim nächsten Mal zu sagen oder halt wenigstens das affektierte Gestöhne sein zu lassen.

Aber jedes Mal, wenn ich ihn wiedersah, machte sich die Lüge zwischen uns breit. Ganz von selbst passierte das, und je länger ich ihr dabei zusah, ohne was zu unternehmen, desto schwieriger wurde es, sie zu packen zu kriegen. Außerdem hatte sie gute Argumente. »Was soll er denn jetzt von dir denken?«, flüsterte sie. »Du bist nicht nur frigide, du machst ihm auch noch was vor. Etikettenschwindel, eindeutig! So hat der nicht gewettet. Der wär doch bescheuert, wenn er bei dir bliebe, nachdem das raus ist.« Also blieb alles schön da, wo es war. Die Scham für mein Versagen schob ich weg, so gut ich konnte.

Selbst Schuld, würde die Philosophin Svenja Flaßpöhler an dieser Stelle sagen. In ihrer Streitschrift *Die potente Frau* plädiert sie dafür, dass Frauen für ihre Befriedigung (und überhaupt ihr ganzes Leben) Verantwortung übernehmen, statt sich zum Opfer der Umstände zu machen. Wenn nicht ich dafür sorgte, dass ich auf meine Kosten kam, sondern lieber vortäuschte – wer soll es denn dann für mich tun? Da mag was Wahres dran sein. Und doch ist die Chose nicht ganz so einfach, wie es scheint.

Auf Platz eins der Gründe, warum Frauen lieber faken, statt die Fakten auf den Tisch zu legen, steht laut YouGov die Aussage: »Weil ich meinem Partner zeigen will, dass es mir gefällt.« Den meisten Täuschungskünstlerinnen geht es also um eine Bestätigung für den Sexualpartner, darum, ihm glauben zu machen, dass er es voll draufhat. Sein Ego ist in diesem Moment wichtiger als die eigene Befriedigung – Willkommen im 21. Jahrhundert! Gleichzeitig steckt in dieser Aussage aber auch der Wunsch der Frau, dem Mann zu beweisen, dass sie in der Lage ist, Spaß zu haben. Denn wer will schon eine, die nicht kommen kann?

In solchen Momenten gehört die Sexualität der Frau nicht mehr ihr selbst, sondern orientiert sich an der des Mannes. Das ist eine historisch gewachsene Tatsache, die sich zwar im Laufe der Zeit abgeschwächt hat, aber immer noch nicht völlig verschwunden ist.

Über Jahrtausende hinweg wurde die weibliche Lust von Männern in ihre Schranken gewiesen: War die wollüstige Frau früher mindestens als nymphoman verschrien, so hat sie heute (in gewissem Maß) sexuell aktiv zu sein und körperlich allzeit zu funktionieren. Und in dieses Bild, dem viele Frauen (meist unbewusst) entsprechen wollen, passt es eben nicht, dass nur jede vierte Frau zuverlässig Penetrations-Orgasmen hat und überhaupt nur jede fünfte bei jedem Sexualkontakt kommt. Um dem Bild der »sexuell funktionierenden« Frau zu entsprechen, bleibt vielen also nichts anderes übrig, als einen Orgasmus zu simulieren.

Was das Ganze noch unfairer macht: Den 21 Prozent Frauen, die jedes Mal kommen, stehen 59 Prozent der Männer gegenüber. Selbst wenn man völlig okay damit ist, nicht jedes Mal den kleinen Tod zu sterben – der Orgasm Gap bleibt dennoch imposant.

»Frauen kommen eben nicht so leicht« lautet ein viel zitierter Mythos, der diesen unfairen Umstand auch noch rechtfertigen soll. Dummerweise (oder zum Glück) lässt der aber außer Acht, dass Frauen, die mit Frauen statt mit Männern schlafen, häufiger einen Orgasmus erleben. Und dass die weibliche Orgasmus-Fähigkeit der männlichen in nichts nachsteht, wenn es darum geht, selbst Hand anzulegen. Wenn Frauen also nicht so leicht kommen, liegt das nicht an physiologischen Gegebenheiten. Sondern daran, dass heterosexuelle Männer ganz einfach nicht wissen, was genau sie tun sollen, um es einer Frau zu besorgen. Und daran, dass Frauen sich nicht trauen, es ihnen zu sagen.

Es erfordert eine Höllen-Überwindung, einem Kerl nicht mehr grundlos das Ego zu polieren oder sich selbst nicht als Orgasmus-

Maschine zu inszenieren – und wenn sich über lange Zeit ein Modus eingeschlichen hat, aus dem man nicht mehr rauskommt, dann gute Nacht.

Als mir schließlich klar wurde, dass Mark nicht so bald aus meinem Leben verschwinden würde – da hatte ich ihm bereits zum Millionsten Mal etwas vorgemacht, was ich nicht spürte –, musste entweder ich selbst gehen, oder aber die Wahrheit musste auf den Tisch. Was vermutlich sogar aufs Gleiche hinauskam. Ein letztes Mal noch stöhnte und zuckte ich also unter ihm herum, zögerte und wand mich, bis es wie von selbst aus meinem Mund herausrutschte, so unwillkürlich wie ein Spuckefaden, wenn man schläft. Und ungefähr genau so entblößend.

»Ich bin grade gar nicht gekommen«, flüsterte ich. »Ich bin eigentlich noch gar nicht gekommen mit dir.« Mark sagte erst mal lange gar nichts. Dann fing er an zu lachen. So laut, das konnte alles bedeuten. »Siehst du!«, brüllte die Lüge in sein Gelächter hinein. Sie lag jetzt zwar nicht mehr zwischen uns, trieb sich aber immer noch in Marks Schlafzimmer rum. »Hättest du mal nichts gesagt. Jetzt bist du voll am Arsch«, skandierte sie.

Tatsächlich aber war ich das Gegenteil davon. Denn als Mark sich über die Absurdität meines Verhaltens erst mal ausgelacht hatte, schliefen wir noch ein Mal miteinander.

Und ich kam. Nach drei verschissenen Monaten hatte ich endlich einen Orgasmus mit meinem Freund. Er hatte nicht einmal seine Technik ändern oder irgendetwas besser machen müssen. Allein das Aussprechen der Wahrheit hatte mich derart entspannt, dass mein Becken loslassen konnte. Und mein Kopf. Und der Rest von mir.

Zehn Jahre etwa ist diese Episode jetzt her, vielleicht sogar länger. Seitdem komme ich, wenn ich kommen kann, und wenn nicht, dann eben nicht. Ich sage, wenn ich etwas brauche. Oder dass ich keine Lust mehr habe. Damit sorge ich zwar manchmal für Enttäuschung, in den meisten Fällen aber stellt sich durch das Aussprechen genau die Nähe ein, die vorher ums Verrecken nicht drin war.

Am Ende kann der Versuch, im Bett eine für den Typen befriedigende Performance abzuliefern, zwar oberflächlich erst mal funktionieren. Bis ins Innerste zufrieden machen wird er aber niemanden. In Wirklichkeit ist es nämlich auch nicht so wahnsinnig wichtig, ob wir an einem Abend nun zehn Orgasmen hatten oder nicht einen einzigen. Was zählt, ist, ob wir uns selbst und unserem Gegenüber in die Augen sehen und uns dabei gezeigt haben können, wie wir wirklich sind.

Und genauso wird dann aus dem beherrschten Geschlecht auch ein potentes – doch wie schwer der Weg dahin manchmal sein kann, das sollte niemand von uns vergessen.

Faszination Penetration

Dabei ist Sex viel mehr als nur »Penis in Vagina«.

Es lief schon eine Weile zwischen Georg und mir, und ich war vermutlich schon an die dreihundert Mal mit ihm gekommen, schließlich konnte mein Unterleib manchmal kaum aufhören, hatte er erst damit angefangen. Gerade erst war ich fünf Mal in seinem Mund explodiert, das Bett war zerwühlt, seine Mitbewohner*innen waren in Angst und Schrecken versetzt, dennoch war Georg nicht ganz zufrieden mit der Situation. »Warum hast du bloß keinen Orgasmus beim Sex? Alle, mit denen ich bisher was hatte, *konnten* das«, sagte er. »Auf Anhieb.«

Was für ein absurder Moment: Mir war nach Losprusten, denn mir selbst waren in meinem ganzen Leben vielleicht drei, vier Frauen begegnet, die von Rein-Raus kamen. Außerdem waren da noch all die Studien, die belegten, dass nur etwa ein Viertel aller Frauen allein von Penetration zum Höhepunkt kommen. Empirisch betrachtet war das, was er sagte, also völliger Mumpitz. Andererseits stellte ich mich augenblicklich selbst infrage: Was, wenn tatsächlich mit mir irgendetwas nicht stimmte?

So wie während der Anfänge mit meinem ersten »richtigen« Freund. Also dem, mit dem ich dann auch schlief. Sex mit Robert war der Himmel, und zwar mit Sauce, und nachdem ich das verstanden hatte, wollte ich nichts anderes mehr machen als das. Nicht ins Kino gehen, nicht auf Partys, und die Schule konnte mir erst recht gestohlen bleiben. Nur eine Sache erschloss sich mir nicht: Warum kam ich nicht von seinem Schwanz?

Immerhin hatten wir genau das in der Schule gelernt: Sex diente der Fortpflanzung, darum hatte die Natur es auch so eingerichtet, dass man dabei Spaß (= Orgasmen) hatte. Was zur Hölle war also falsch mit mir?

»Nichts«, sagte Robert, der ein paar Jahre mehr auf dem Buckel hatte und von dessen reichlicher Erfahrung ich nicht nur in körperlicher Hinsicht profitierte. »Nicht alle kommen so, das ist ganz normal.« Das beruhigte mich, aber nur kurz.

Einige Zeit später fing ich an, diejenigen meiner Freundinnen, die über einen festen Freund samt sexueller Aktivität verfügten, zu ihren Orgasmus-Fähigkeiten zu befragen. Die nach einigen Wochen zusammengetragenen Ergebnisse erleichterten mich noch mehr als die Beteuerungen meines Freundes: D. rieb sich, kurz bevor ihr Typ abspritzte, rittlings an seinem Penis, so wie ich einst an meiner Puppe. B. machte es sich selbst, während er in ihr drinsteckte, so kamen sie dann auch immer zusammen. L. ließ seine Hand die Arbeit machen. K. wurde am liebsten geleckt. Nur S. kam als Einzige von ihnen zu ihrem Vergnügen, indem sie emsig und mit Kissen unterm Hintern missioniert wurde. Vier von Fünfen ging es also genauso wie mir – das schien mir ein legitimer Beweis meiner absoluten Durchschnittlichkeit. Trotzdem konnte S. offensichtlich etwas, das ich nicht konnte. Und auch wenn mich das die nächsten zwanzig Jahre nicht groß kratzen sollte – immerhin fand kein einziger meiner Typen irgendwas daran komisch –, blieb doch ein Restunbehagen, was meine sexuellen Fähigkeiten anging. Und damit war ich nicht allein.

Die Suche nach dem Heiligen Gral des Matratzensports bewegt so viele Gemüter, dass sich eine schier unendliche Kohorte von Expert*innen zusammenfinden musste, um den verirrten Seelen den rechten Weg zu zeigen. Ganze Bücher handeln davon, man kann Workshops buchen und natürlich das sich vor Tipps überschlagende Internet konsultieren: Wie bekomme ich endlich (endlich!) diesen verdammten vaginalen Orgasmus?

Da werden einem Stellungen ans Herz gelegt und regelmäßige Beckenbodengymnastik empfohlen, und Klitoris-Stimulation wird entweder ganz verboten oder zumindest rationiert und natürlich: üben, üben, üben! Wenn man sich das alles so durchliest, könnte man glatt vergessen, dass Sex ursprünglich mal eine Sache war, die Spaß machen sollte.

Klar lässt sich das Ganze mit viel gutem Willen unter »sexueller Weiterentwicklung« verbuchen, und Beckenbodenübungen sind an sich eine super Sache. Doch der eigentliche Haken bei dieser Geschichte: Die Mehrheit aller Frauen wird den Penetrations-Orgasmus vermutlich nie erreichen.

Studien haben gezeigt, dass es dafür vor allem besondere anatomische Voraussetzungen braucht – erstens eine größere Klitoris-Perle und zweitens einen kürzeren Abstand zwischen Perle und Vaginaleingang. Steckt der Penis nun in einem so gearteten Genital, kann er besonders leicht die Perle, an der rund 8000 Nervenenden zusammenfließen (mehr als an jeder anderen Stelle unseres Körpers und doppelt so viele wie in der männlichen Eichel!) stimulieren, und Peng, die Frau kommt ganz ohne helping hands. Damit haben Wissenschaftler*innen aber nur nachgewiesen, was eh schon lange vermutet wurde. Die französische Psychoanalytikerin Marie Bonaparte (1882 – 1962) legte sich zum Beispiel schon vor einer ganzen Weile unters Messer, um ihre Perle nach hinten versetzen zu lassen. Leider konnte sie das nicht von ihrer »Frigidität« kurieren. Oder vielleicht zum Glück. Schließlich wird auch so schon im Namen der Lust genug an weiblichen Genitalien herumgeschnippelt.

Moment, warum denn immer nur die Klitoris? Was ist mit der Vagina? Sorry Leute, aber die ist an sich relativ unempfindlich – wäre ja auch scheiße sonst beim Kinderkriegen. Auch während der Penetration ist es wieder die Klitoris, die für Spaß sorgt. In Wirklichkeit ist sie nämlich weit mehr als dieses kleine Knöpfchen zwischen unseren Beinen, als das sie uns in den meisten Aufklärungsbüchern verkauft wird. Wie ein umgekehrtes Ypsilon ragt die Klitoris mit ihren beiden bis zu zwölf Zentimeter langen Schenkeln in die Vagina hinein, wo sie bei Erregung anschwillt (manchmal sogar bis auf ihre doppelte Größe!) und für Lustempfinden sorgt. Auch der sagenumwobene G-Punkt, eine raue Stelle auf der Vorderseite der Vaginalwand, wird teilweise von den Klitoris-Schenkeln durchlaufen. Den sogenannten »vaginalen« Orgasmus gibt es also gar nicht. Genau genommen ist jeder Orgasmus ein klitoraler, auch wenn er von der Penetration durch einen Schwanz oder einen anderen Gegenstand hervorgerufen wird.

Wenn man aber eh schon ahnt, dass das mit dem Penetrations-Orgasmus bei manchen Frauen geht und bei anderen eben nicht und ein Orgasmus genau so gut ist wie der andere – warum dann das ganze Gewese?

Tja, kollektive Mythen halten sich eben hartnäckig. Und wenn es um Penisse und Vulven geht, dann erst recht. Es war Sigmund Freud, einer der populärsten Menschenkenner der jüngeren Vergangenheit, der vor über hundert Jahren den vaginalen Orgasmus für »in« und den klitoralen für »out« erklärte. Hatten die Ärzte vorher noch klitorale Stimulation während des Akts ausdrücklich empfohlen, weil sie der Meinung waren, der Höhepunkt der Frau begünstige eine Schwangerschaft, entschied Freud, der klitorale sei der Orgasmus der Unreife. Einer echten Frau hingegen reiche ein Penis völlig zu ihrem Glück. Wer das nicht draufhatte, galt als frigide – was übrigens noch heute ein 1A-Schimpfwort darstellt.

Wir halten an diesem Märchen aber nicht nur fest, weil Freud bis heute als angesehener Wissenschaftler gilt. »Richtiger« Sex, das ist für uns nun mal das heteronormative »Penis in Vagina«. Alles, was es daneben, danach und davor gibt, Hintern, Münder, Hände, Füße, Brüste meinetwegen, ist in unserer Vorstellung von Sexualität als

Begleiterscheinung zwar ganz okay, muss aber in letzter Konsequenz auf Penetration hinauslaufen, sonst fehlt da was.

Letztendlich zementiert die Fixierung auf den Penetrations-Orgasmus auch ein für eine gewisse Seite bequemes Rollenverständnis: Wenn die Frau beim Sex nicht kommt, liegt es halt an ihr. Wo kämen wir auch hin, wenn wir zugeben würden, dass der Penis, immerhin das beste Stück des Mannes, nicht über Superkräfte verfügt? Und so fühlen sich Frauen bis heute einfach selbst nicht ausreichend, wenn das große O ausbleibt. Und Männer wie Georg bestätigen sie darin.

Die Frage ist nur, woher sie ihre Quote nehmen. Als ich mich endlich gefangen hatte, setzte ich mich also auf und rechnete ihm vor, dass »alle können das« nicht stimmen konnte. Mindestens zwei Drittel seiner Sexpartnerinnen mussten gefaked oder aber gar nicht erst gewusst haben, was ein Orgasmus überhaupt ist. Das konnte er sich natürlich nicht vorstellen. Es ist schließlich nie leicht, sich einzugestehen, dass man an seinem Johannes herumgeführt worden ist – oder sich selbst einen Bären aufgebunden hat. Immerhin braucht man als Frau nur ein bisschen lauter stöhnen, und schon denkt der Kerl, man ist gekommen.

Die Zweifel zerrten trotzdem an mir. Was, wenn er doch recht hatte und ich bloß irgendetwas falsch machte? Um das herauszufinden, buchte ich für einen stattlichen Batzen Geld einen Termin bei einer Sexological Bodyworkerin[16]. Auf ihre Frage, warum ich denn unbedingt einen vaginalen Orgasmus wollte, wusste ich nicht wirklich was zu sagen. »Als zusätzliche Spielart«, log ich schließlich. »So ein Typ denkt, bei mir stimmt was nicht«, das wäre mir echt zu peinlich gewesen. Sie erklärte mir, dass das nichts ist, was auf Anhieb klappen würde, vielleicht sogar nie. Damit aber auch nur der Hauch einer Chance bestand, zeigte sie mir ein paar Übungen zur

16 Sexological Bodywork ist eine Mischung aus Sexualberatung und Körperarbeit.

Lockerung des Beckens, die ich schon aus der Geburtsvorbereitungs- und Rückbildungsgymnastik kannte. Und schlug mir vor, an einem Gruppencoaching teilzunehmen, in dem Frauen mit »Pulsatoren« genannten pulsierenden Riesendildos trainierten. An den Preis für die Teilnahme kann ich mich nicht mehr erinnern. Er war bestimmt gerechtfertigt, muss aber so hoch gewesen sein, dass mein Bewusstsein daraufhin beschloss, sich abzuschalten. Bei der anschließenden Massage meiner Vulva schlief ich innerhalb von zwei Minuten ein. Und beschloss, das mit dem Penentrations-Orgasmus ein für alle Mal zu den Akten zu legen.

Zu meiner riesigen Überraschung (und echt, ich hätte nie, nie, nie damit gerechnet) bekam ich ihn am Ende trotzdem. Georg war da schon Geschichte, aber einen Gefallen hatte er mir getan, bevor wir uns trennten: Ein halbes Jahr lang hatte sein Penis meine Vagina studiert wie ein Landvermesser einen unerforschten Kontinent. Statt zu rammeln wie Hase, schob er ihn so langsam rein und wieder raus, dass er jedes Muskelzucken in meinem Inneren registrierte, jede sensible Stelle, jede Einladung und jeden Widerstand. Er fickte nicht, er tastete, probierte Winkel aus und graduelle Stellungswechsel. Und auch wenn das alles in der nicht mehr explizit ausgesprochenen, aber dennoch narzisstischen Hoffnung geschah, es mir doch noch »so richtig« zu besorgen, veränderte sich dabei etwas in mir.

Bisher war Sex für mich stets hart gewesen, Zärtlichkeiten hatten mich gelangweilt – es musste was passieren, damit bei mir was passierte. Mit Georg aber, der mich lang und innig von innen streichelte, während er mich leckte, saugte, küsste, spürte ich mit der Zeit ein Wollen in meiner Vagina, das es vorher nicht gegeben hatte. Und nicht nur dort. Mein ganzer Körper wollte mit, wollte immer mehr, bis es irgendwann kaum noch zum Aushalten war. Und eines Nachts, da gab es dann wirklich kein Halten mehr, kein Gut und kein Böse, nur noch zuckende Blitze in Richtung Nirvana. Unwillkürliche Muskelkontraktionen. Kontrollverlust.

»Das hat sich an meinem Schwanz exakt so angefühlt, als würdest du kommen«, sagte Georg, der es gewohnt war, dass ich mich meines Kitzlers annahm, während wir vögelten. »Kann nicht sein«, antwortete ich. Kein Mund, keine Hände – und überhaupt, es fühlte sich auch ganz anders an innen drin.

Erst beim nächsten Typ und nach zig Wiederholungen identifizierte ich das, was beim innigen, achtsamen Sex mit meiner Vagina geschah, als Orgasmus von der Art, von deren Unmöglichkeit ich, zumindest für meinen eigenen Unterleib, überzeugt gewesen war.

Vielleicht hat Diana Richardson, Sexualtherapeutin und Autorin von *Zeit für Weiblichkeit. Der tantrische Orgasmus der Frau* doch recht, und wir alle werden durch harten Sex einfach nur kaputt gefickt. So sehr, dass wir am Ende nichts mehr so richtig spüren und immer stärkere Reize brauchen. Georgs sanftes Vortasten hätte laut ihrer Theorie eine Resensibilisierung meines Inneren in Gang gesetzt.

Was auch immer es war, mehrheitsfähig ist meine Erfahrung sicher nicht. Vermutlich haben einfach ein paar Dinge zusammengepasst, und die beiderseitige Bereitschaft zu Zartheit statt stumpfem Bumsen war garantiert förderlich dafür.

Noch heute ist der Penetrations-Orgasmus für mich eine Ausnahme, die sich nur dann einstellt, wenn ich absolut entspannt bin und mich hingeben kann. Wenn Schwanz und Umstände zusammenpassen, wenn die Küsse stimmen und die Bewegungen. Wenn ich genug Vorlaufzeit hatte und nicht reglos daliege wie eine Tote, sondern mein Becken sich nimmt, was es will. Wenn ich mich nicht ficken lasse, sondern selbst ficke. Dann, und nur dann, kann es sein, dass der Schwanz allein schon ausreicht.

Das Zeug zum Nonplusultra meines Sexlebens hat der Penetrations-Orgasmus trotzdem nicht. Meine Klitoris beschert mir großartige Höhepunkte, sie macht es leicht, und sie macht es zuverlässig. Ich hätte nichts verloren, wenn es so geblieben wäre. Dass es nun manchmal auch anders geht, ist zwar nice to have. Aber es ist bestimmt nicht geiler als alles, was da vorher war.

Jeder Orgasmus ist ein *richtiger* Orgasmus. Und wenn er übers Ohrläppchenlutschen kommt. Ein Schwanz jedenfalls ist dafür überhaupt nicht notwendig.

Und so traurig das in Männerohren vielleicht auch klingen mag – am Ende bringt das uns *allen* ein Stückchen mehr von diesem großen, großen Kuchen namens Freiheit.

Mund auf

Damit Lecken genauso selbstverständlich wird wie Blasen.

Ich blase wirklich gern. Beim Vorspiel, beim Happy End und auch mal zwischendurch. Es macht mir Spaß, es macht mich an, alles super. Was nicht so super ist: Ich selbst bekomme es von Männern nicht annähernd so oft mit dem Mund gemacht, wie ich es bei ihnen tue. Klar, in der Reihe meiner oralen Enttäuschungen gab es einige Ausnahmen. Deniz zum Beispiel, ein bildschöner Typ mit sehr, sehr kleinem Penis. Oder André, der nicht ganz so schön war, dafür aber gut gebaut. Deniz jedenfalls wusste, dass seine Zunge im Zweifel mehr konnte als sein Schwanz, und darum, das musste man ihm lassen, war er im Lecken auch absolut unschlagbar. Seine Technik war perfekt und seine Ausdauer beachtlich – er tat im Bett schließlich kaum etwas anderes, als seine Kunst zu perfektionieren. André hingegen hatte zwar keine körperlichen Nachteile wettzumachen, war aber so verliebt in meine Vulva (wie vermutlich in alle Vulven dieser Welt), dass er unsere Nächte am liebsten mit seinem Kopf zwischen meinen Schenkeln verbrachte. Er huldigte dem, was seine Zunge zum Zerfließen brachte, genoss meinen Saft, meinen Geruch, meinen Geschmack, und wenn ich in seinen Augen oft genug gekommen war, dann vögelten wir. Das allerdings auch nur sehr kurz, denn zu diesem Zeitpunkt war André bereits so scharf von all dem Lecken, dass er nicht anders konnte, als umgehend loszuschießen.

Die meisten anderen hingegen ... Nun ja. Die lassen zwar durchaus ihren Kopf nach unten wandern, lächeln dabei aber entweder dieses gönnerhafte »Baby, ich tu dir jetzt mal was Gutes«-Lächeln oder gucken so verbissen, als müssten sie nicht einfach nur ein bisschen lecken, sondern gleich in den Krieg ziehen. Und überhaupt tun sie es nicht oft genug, finde ich. Jedenfalls nicht so oft, wie ich an ihren Penissen rumnuckele. Und das geht nicht nur mir so.

Eine kanadische Studie aus dem Jahr 2016 fand heraus: Für zwei Drittel der Befragten ist Oralsex etwas völlig Selbstverständliches. Dabei gaben 63 Prozent der Männer an, es bei ihrem letzten Sexualkontakt mit dem Mund gemacht bekommen zu haben, aber nur 44 Prozent der Frauen. Noch ungerechter: Mehr als doppelt so viele Frauen wie Männer hatten bisher nur gegeben, ohne dafür etwas zu bekommen – nämlich 26 zu 10 Prozent. Warum das so ist, verrät uns die Studie leider nicht. Dafür aber, dass wesentlich weniger Frauen Spaß an der aktiven Mundarbeit haben als Männer: Weniger als ein Drittel der Frauen genießt die Fellatio, während über die Hälfte der Männer auf Cunnilingus stehen.

Wir halten fest: Frauen werden von Männern weniger oft oral befriedigt als andersrum, machen dafür aber öfter den Mund auf, als ihnen lieb ist. Was ist da los?

Zunächst einmal: Der Porno ist los. Immerhin ist er der Kanal, der die Teenies von heute aufklärt. Was man da sieht, sind vor allem an Penissen saugende und würgende Frauen. Dass sich mal eine männliche Zunge zwischen zwei Beine verirrt, passiert derart selten, dass man gleich denkt: »Huch, ein Mann kümmert sich um das weibliche Genital – das muss ein Irrtum sein!

So werden wir konditioniert: Er steht, sie kniet. Er lässt sich bedienen, sie fährt voll drauf ab. Männliche Befriedigung geht vor weibliche. Und wenn er es ihr besorgt, dann mit seinem stahlharten Ding und nicht mit seiner weichen Zunge. Der Blowjob hat sich als Unterwerfungs-Gestus etabliert – auf dem Bildschirm wie in unseren Köpfen. Kein Wunder, dass sich so viele Frauen unwohl dabei fühlen. Wenn es aber als stark und dominant gilt, sich einen blasen zu lassen, dann kann Lecken nur das Gegenteil davon bedeuten: Es ist unterwürfig, weich, »weibisch«. Dass viele Typen sich dazu nicht gern herablassen, wird also auch ein Männlichkeitsding sein.

Cunnilingus-Widerstand gibt es aber auch von den Frauen selbst. Und zwar aus einem altbekannten, aber ziemlich schwerwiegenden Grund: die Scham für den eigenen Körper. Schließlich wissen wir alle, wie eine gute Vulva auszusehen hat (wie ein glattes, blasses Brötchen) und wie viele von uns diesem Ideal entsprechen (die wenigsten). Auch olfaktorisch genießt die Vulva, Schulhof sei Dank, keinen guten Ruf: Stinkt angeblich nach Fisch, dieses »Nichts«, wie Sartre es nannte. Und wenn es nicht Fisch ist, so lag die letzte Dusche sicher länger als zehn Minuten zurück. Kann man doch keinem Mann antun, nachher riecht der noch was! Also bloß nicht in die Nähe von da unten kommen lassen!

Einmal lag ich mit einem Typ im Bett, wir hatten uns beim Knutschen bereits alles von den Leibern gerissen und rieben uns spitz wie sonst was aneinander, da sagte er: »Ich kann dich schon riechen.« Hätte ich einen Schwanz, wäre der vor lauter Scham sofort in sich zusammengefallen. Was zur Hölle roch der da in einem Meter Entfernung? Ich hatte doch geduscht, bevor wir uns trafen. Beruhigenderweise stellte sich heraus, dass der Mann eine besonders feine Nase hatte, die sogar in der Lage war, die Erregungssekrete meiner Vulva zu erschnüffeln. Dennoch war Cunnilingus das Letzte, das ich in dem Moment hätte gebrauchen können. Dass mir Männer, ohne zu Zucken, selbst nach einem sanitäranlagenfreien Festivalwochenende ihre Penisse ins Gesicht halten, blendete ich dabei einfach aus. Für die scheinen andere Maßstäbe zu gelten. Je öfter wir aber Männerköpfe wieder nach oben ziehen, statt sie an unser Heiligstes zu lassen, desto seltener werden die Herren es versuchen – bei uns persönlich, aber womöglich auch bei der Nächsten.

Es ist viel Unsicherheit im Spiel, was das Lecken angeht. Bei beiden Geschlechtern. Und, verdammt, ja, auch bei mir. Nur wenn ich Sex mit Frauen habe, bin ich damit vollkommen entspannt. Sind wir nämlich unter uns, werden die unteren Lippen genauso selbstverständlich vollgespeichelt wie die oben, und keine von uns denkt groß drüber nach. Es gehört einfach dazu. Das liegt nicht nur daran, dass ohne Penis (oder Dildo) die Möglichkeit der vaginalen Penetration flachfällt. Sondern auch daran, dass die Sexualität unter Heteros einfach mal krass auf ihrer eigenen Penis-Fixierung hängen geblieben ist und ein ausgewogenes Verhältnis zwischen männlichem und weiblichem Geschlechtsorgan überhaupt nicht kennt. Schwäääänze, Schwä-hänze üüüber a-ha-llem, das wäre ihr Lied, falls sie eins sänge. So sind wir konditioniert.

Ich würde da ja gerne was dran ändern, weigere mich aber, die Köpfe meiner Bekanntschaften sachte mit meinen Händen nach unten zu dirigieren – so wie sie es nur allzu gern mit mir machen, um mir zu signalisieren, was jetzt gleich Phase ist. Schließlich will ich, dass sie ganz von sich aus Bock auf meine Vulva haben. Genauso sehr wie ich auf ihren Schwanz.

Keine Sorge, niemand, der nicht möchte, muss irgendwas. Andererseits sollten laut Statistik die Chancen immerhin fifty-fifty stehen, dass ein Typ genau darauf total abfährt.

Und wenn nicht? Dann halt nicht. Denn ein Typ, der sich gern bedienen lässt, aber keine Pussys im Gesicht mag, kommt mir eh nicht mehr ins Bett.

Wie Kacken, nur rückwärts

Warum sind bloß alle so heiß auf anal?

In jeder Beziehung, jeder Affäre und manchmal sogar gleich in der ersten Nacht – irgendwann geht's ans Poloch, das ist unvermeidlich. Der Typ wird so etwas säuseln wie »Ich würd meinen Schwanz nur zu gern mal in deinen süßen Hintern stecken« oder beim nächsten Fingerspiel gleich nicht nur das vordere, sondern auch das hintere Loch bearbeiten. Ich brauche vermutlich niemandem zu erzählen, dass ich weder beim Vögeln noch sonst gern von Fingern in meinem Po überrascht werde, es aber trotzdem immer wieder passiert.

»Es ist so schön eng«, sagen sie. »Und dirty, ein bisschen verboten halt. Einfach ein geiler Anblick so von hinten. Und überhaupt, mal was anderes.« Ach, da gibt es so viele gute Argumente.

Männer scheinen besessen vom Arschficken zu sein; Frauen eher nicht so. Darum wimmelt auch das ganze Internet von verzweifelten Forumseinträgen in zwei Kategorien: Typen, die fragen, wie sie ihre Freundin dazu bekommen können, sie endlich (endlich!) an ihren Hintern zu lassen. Und Frauen, die fragen, ob sie es ihrem Freund zuliebe halt einfach machen sollten.[17] Das liegt nicht unbedingt daran, dass Frauen spaßfeindlicher sind als Typen. Die Antwort auf das weibliche Vorenthalten der Hintertür ist ebenfalls im Netz zu finden: noch und nöcher »Tipps für Analsex ohne Schmer-

17 Da sind sie wieder, die Frauen, die für ihren Prinzen bereit sind, über alle Grenzen zu gehen.

zen«. Es scheint sich rumgesprochen zu haben, dass die Sache nicht unbedingt für beide Seiten gleich geil ist. Schließlich ist der Darm nicht dafür vorgesehen, Gegenstände in ihn hineinzuschieben. Da geht es eher um ein *Raus* als um ein *Rein*.

Wer sich seinen Hintern aber gern für den Stuhlgang, und nur für diesen, aufsparen möchte, gilt schnell als verklemmt. Schließlich leben wir in Zeiten, in denen Frauen vögeln sollen wie auf Pornhub. Und was da am meisten gesucht wird, ist (Überraschung!): »Anal« und nicht zum Beispiel »Female Orgasm«.[18] Wobei, halt, ich möchte spezifizieren: Nur Menschen mit Vulva zwischen den Beinen gelten bei Verweigerung als verklemmt. Baumelt da hingegen ein Penis, sind solche Spielereien eine Horrorvorstellung und gehen eine Allianz mit der Angst ein, in der Schwulenecke zu landen. Außerdem: Fürs Reinstecken sind ohnehin die Männer verantwortlich. Gefickt (oder gefingert) wird die Frau.

Und so gab es in meinem bisherigen Leben auch nur genau zwei Männer, die bereit waren, den passiven Part zu spielen.

Es war in meinen Zwanzigern, als mir ein Typ, den ich nur ein einziges Mal getroffen hatte, von seinem Umschnall-Dildo erzählte. Das Date war eigentlich ganz nach meinem Geschmack gewesen: Am Anfang hatten wir sieben Gänge beim Franzosen, am Ende einen Dreier. Und wer weiß, vielleicht wäre das die nächste große Story geworden, wenn ich nicht einen Tag später von ihm eine SMS bekommen hätte, in der er mir, statt sich für den netten Abend zu bedanken, einen Vorschlag machte: »Fick mich doch beim nächsten Mal mit meinem Strap-On.« Ich meine, klar, nach einem spontanen Dreier beim ersten Date war es schwer, sich zu steigern. Das sah ich ja ein. Aber gleich so? Ich gab ihm also insgeheim den Stempel »pervers« und hörte nach einer unterkühlten Antwort nie wieder etwas von ihm. Leider habe ich auf diese Weise auch das russi-

18 So war es zumindest im Jahr 2018.

sche Buch über Werwölfe, das ich in seinem Auto vergessen hatte, nie zurückbekommen. Also falls sich jemand angesprochen fühlen sollte: Ich hätte es gern wieder. Möglicherweise würde ich dann auch die Sache mit Umschnalldings nochmal probieren, einfach nur, um es mal gemacht zu haben. Denn glücklicherweise hat sich meine Idee davon, was Frauen im Bett machen und was Männer, seitdem ein wenig weiterentwickelt.

Und dann gab es da noch Tim. Dem kam es bei der Fellatio nämlich besonders gut mit Finger im Po – so gut wie nie, nie, nie zuvor. Ich war die erste Frau, mit der er das nach langem Zieren ausprobiert hatte. Denn gewollt hatte er's schon länger, aber sich aus oben genannten Gründen nicht getraut, das auch zu artikulieren. Dass er so krass kam, lag an seiner Prostata, dieser kleinen Erhebung an der vorderen Darmwand, die besonders empfänglich für Reize ist. Überhaupt ist der Darm ein sensibles Organ, das von vielen, vielen Nervenenden durchzogen ist. Auch bei der Frau, bei der zusätzlich noch indirekt die Vagina mitstimuliert wird.

Aber obwohl sogar Gerüchte über anale Orgasmen die Runde machen, konnte ich nie großen Gefallen an dieser Art der Stimulation finden. Dabei habe ich es durchaus nicht unversucht gelassen. Zärtlich schoben die Männer ihre gut angefeuchteten Schwänze vorwärts auf dem Weg in meinen maximal entspannten Hintern; sie bewegten sich sanft und stießen rücksichtsvoll. So, wie die Leute es in den Pornos machen, geht es ja nicht in echt, wo niemand ohne entsprechenden Fetisch in stundenlangen Dehnübungen sein*ihr Arschloch weitet. Sie gaben sich also alle wirklich Mühe, es mir so angenehm wie möglich zu machen. Manchmal hatte ich dabei sogar einen Orgasmus, weil eine freundliche Hand zusätzlich meinen Kitzler streichelte, und das muss ich zugeben: Der Orgasmus hatte Bumms, denn klar, auch ich habe all diese Nervenenden.

Rundherum glücklich war ich trotzdem nicht mit dem, was ich da erlebte. Nicht, weil es wehgetan hätte. Ich könnte nicht mal sagen, dass es wirklich unangenehm gewesen wäre. Es fühlte sich einfach an wie Kacken. Nur halt rückwärts. Und ehrlich, Kacken ist wirklich das Letzte, an das ich beim Sex denken möchte.

Was ich beim Sex außerdem nicht möchte, ist, drüber nachdenken, ob der Schwanz oder der Finger jetzt noch woanders rein kann, ohne großflächig Desinfektionsmaßnahmen vornehmen zu müssen. Darmbakterien sind zwar unsichtbar, in der Blase und der Vagina aber der Tod der Frauengesundheit, und im Mund will man die auch nicht unbedingt haben. Außerdem kann ich mich noch gut an dieses eine Mal erinnern, als das Sperma nach vollzogenem Akt in einem rentnerbeigen Rinnsal aus mir rausgeflossen kam und »Ich war wohl nicht ganz sauber« auf das weiße Laken unter uns schrieb.

Im Porno machen die für solche Fälle lieber ein, zwei Darmspülungen im Vorfeld, und auch andere Analfreund*innen empfehlen dies immer wieder, manche sogar als doktorspielchenmäßigen Teil des Vorspiels. Kann man mögen, muss man nicht. Und echt mal, wer bereitet sich schon ernsthaft aufs Vögeln vor?

Schon klar, Sex kriegst du nicht sauber, unter keinen Umständen. Schweiß, Spucke, Vaginalsäfte und Penissekrete, Ejakulationsflüssigkeiten, oben drauf manchmal sogar noch Blut und unabgewaschene Pipireste – das ist der Cocktail, aus dem heiße Nächte gemacht sind. So ein bisschen Kacke, und auch die nur hypothetisch, sollte da nicht groß stören.

Andererseits hat sie neben einfachen Umständen auch echte Nachteile. Den allermeisten Frauen nämlich macht es hinten, maximal von der Klitoris entfernt, eben viel, viel weniger Spaß als vorne. Was bringt es einem Kerl also, sich seine Po-Fantasien zu erfüllen, wenn die Frau, die an dem Hintern dranhängt, es andersrum viel besser besorgt bekommt? In solchen Fällen bin ich fürs Umsteigen auf Sexpuppen. Die kriegen dann anschließend auch nicht diese Probleme mit Stuhlinkontinenz, für die Analverkehr unter Frauen laut einer

Studie der Universität Illinois aus dem Jahr 2017 ein signifikanter Risikofaktor sein soll.

Ich weiß, Arschficken muss kein Dominanzgehabe sein. Es geht ganz, ganz liebevoll. Warum es also nicht der Protagonistin in Charlotte Roches Roman *Schoßgebete* gleichtun und dem Kerl, sollte er auf Po-Sex stehen, erst mal liebevoll die Rosette weiten. Einfach nur, damit er weiß, wie sich das anfühlt. Und für den Respekt.

Ich finde, das ist ein Vorgehen, das es mehr als verdient, nachgeahmt zu werden. Also. Auf die Prostata, fertig, los!

Alles muss man selber machen

Sogar masturbieren.

»... und übrigens befriedigen sich manche Jungen und Mädchen auch selbst, das ist ganz normal«, sagte mein Bio-Lehrer. Das war in der Siebten, beim Aufklärungsunterricht Nr. 2. Es sollte der folgenschwerste Nebensatz in der Geschichte meiner sexuellen Entwicklung werden. Wie sich nämlich inzwischen jede*r von euch vorstellen kann, war meine natürliche Reaktion darauf nicht, nach Hause zu gehen und mit dem Playmobil-Bauernhof zu spielen, den ich in der tiefsten Ecke meines Kleiderschranks vor meinen Freund*innen versteckt hielt. Meine natürlich Reaktion war: »Wahnsinn! Davon habe ich ja gar nichts gewusst! Das muss ich heute Abend, wenn alle im Bett sind, unbedingt ausprobieren!« Meine frühkindlichen Erfahrungen hatten mit meiner Vorstellung von Selbstbefriedigung genauso viel zu tun wie das Wort »Klitoris« mit dem damaligen Biounterricht: Einfach. Absolut. Nichts.

Und weil an unserer Schule nur über die Teile unseres Körpers gesprochen wurde, die man für Penetrationssex braucht, dachte ich, dass weiblicher Solo-Sex genauso funktioniert: Man macht Rein-Raus und hat ein schönes Gefühl davon. Nur was zur Hölle sollte mir den Penis ersetzen? Im Bett liegend ließ ich meine Augen durch die Dunkelheit meines Zimmers wandern. Auf dem Boden ein schemenhafter Haufen Klamotten, das Regal voll mit Büchern, Kakteensammlung auf dem Fensterbrett, Stifte, zerknülltes Papier, ein angefressener Apfel auf dem Schreibtisch ... Ha! Stifte! Ich krabbelte aus dem Bett und wühlte auf dem Tisch rum. Bunt- und Bleistifte schieden schon mal aus, weil zu dünn, die Filzer auch, aber mein schwarzer, zerkratzter Füller der Marke »Scout« schien zumindest annähernd die Form zu haben, die ich suchte.

Zurück im Bett blieb mir nur eins: Das Ding in mich reinzukriegen. Und das erwies sich wider Erwarten als gar nicht so leicht. Mikrometer für Mikrometer drückte ich ihn vorwärts, den kleinen Scout, bis ich Ewigkeiten später immerhin seine Kappe fast ganz in mir drin hatte. Weiter ging nicht, also fing ich an, ihn raus- und reinzuschieben, so, wie ich dachte, dass jemand einen Penis in mir bewegen würde. Nur halt in Zeitlupe. Anders ging es ja nicht.

Was ich dabei spürte? Nichts. Absolut nichts. Außer einer leicht unangenehmen Reibung vielleicht. Also zweifelte ich. An mir selbst natürlich, nicht an der Technik. Irgendwas an mir musste falsch sein. Vielleicht war ich frigide? Frustriert von dieser höchst unangenehmen Vorstellung schlief ich ein, und mit mir – bereits zum zweiten Mal – die Neugierde auf meinen Körper.

Erst einige Jahre später wurde meine Klitoris aus dem Dornröschenschlaf geweckt. Allerdings nicht von mir selbst, sondern, wie im Märchen halt üblich, von einem Prinzen. Meiner hieß Fabio, war ein Skaterboy aus der Parallelklasse und wusste aus mir unerfindlichen Gründen sehr genau, was er tun musste, damit ich mich ganz und gar nicht mehr frigide fühlte. Immer, wenn wir eine Weile auf seinem Bett rumgeknutscht hatten, machte er meine Hose auf, feuchtete seine Finger mit Spucke an und schob sie in meinen Schlüpfer. Komplett ausziehen kam nicht infrage, das war natürlich viel zu intim, außerdem waren da Eltern hinter den Wänden. Das Ausmaß unseres Übels durfte nicht allzu groß sein, sollte plötzlich jemand Erziehungsberechtigtes hineinplatzen. Zielstrebig jedenfalls fand er meinen Kitzler, und dann streichelte er ihn, bis mir der Atem wegblieb. *So* ging das also! Auch wenn Fabios Streicheleien mir noch lange keinen Orgasmus einbrachten: Mein Körper war nicht kaputt, ich war es einfach falsch angegangen.

Auch wenn es mir nicht recht behagte, es Fabio gleichzutun und mich selbst anzufassen, wurde mir wenig später mein erster Höhepunkt beschert. Meine Damen und Herren, ich bitte um einen Applaus für diiiiieee *Bravo*. Jugendmagazine mit erotischem Inhalt waren in unserem Haushalt verboten, und überhaupt, wer las die ernsthaft noch mit 15? Aber eines Tages, da fiel mir bei einer Freundin eine längst abgelesene Ausgabe in die Hände, darin: das große Selbstbefriedigungs-Special mit einer ausführlichen Auflistung aller gebräuchlichen Techniken. Ich erinnere mich nicht mehr, was die da alles genau anführten. Aber ich weiß noch gut, dass ich mir umgehend bei der abendlichen Dusche mit der voll aufgedrehten Brause zwischen die Beine zielte. Und traf. Innerhalb weniger Sekunden hatte ich mich so weit. Was ein Jubel!

Damals war ich unendlich erleichtert. Aber heute frage ich mich: Warum war ich nicht in der Lage, das alles selbst herauszufinden?

Die Scheu, den eigenen Körper zu erkunden, scheint überhaupt *das* Mädchending zu sein. In einer Studie des Universitätsklinikums Hamburg-Eppendorf wurden im Jahr 2013 Jugendliche zwischen 16 und 19 Jahren zu ihren sexuellen Erfahrungen befragt. 97 Prozent der Jungen hatten zu diesem Zeitpunkt schon mindestens ein Mal masturbiert, aber nur 43 Prozent der Mädchen. Und: Lediglich ein Viertel von ihnen machte ihre ersten sexuellen Erfahrungen mit sich selbst, während für Jungs das »erste Mal« zu 93 Prozent Solo-Sex war.

Aber auch im Erwachsenenleben hält sich der Masturbations-Gap hartnäckig: Frauen machen es sich wesentlich seltener selbst, als Männer es tun, verlautbaren aktuelle Statistiken. Laut YouGov zum Beispiel legen 57 Prozent der Männer mindestens ein Mal die Woche Hand an, aber nur 32 Prozent der Frauen. »Ich hab doch einen Freund«, sagen Frauen gern, als ob ihre Typen die alleinige Befriedigungs-Kompetenz hätten und Onanie so etwas wie ein Notbehelf für alle sei, die nichts Besseres kriegen. Eine Freundin von mir wird beim Solo-Orgasmus sogar untenrum von abartigen Unterleibsschmerzen gequält und oben von blutigen Horrorvisionen, sodass sie das mit der Selbstbefriedigung gar nicht mehr so recht versuchen mag. Mit ihrem Partner nämlich passiert ihr so etwas nie.

Dabei betraf die gesellschaftliche Ächtung von Masturbation[19] in unserer jüngeren Geschichte Erwachsene und Kinder jeglichen Geschlechts: Mitte des 18. Jahrhunderts entstand unter Medizinern ein merkwürdiges Interesse an Selbstbefriedigung, man betrachtete es allerdings nicht als coolen Zeitvertreib, sondern als Ursprung allen Übels. Nervenkrankheiten, Muskelschwäche, Gesichtsblässe, Zeugungsunfähigkeit, unnatürlicher Hang zu Wollust … Im Grunde war es schon fast egal, welches Problem man hatte – hätte man nicht masturbiert, wäre es gar nicht erst so weit gekommen! Also setzte man folgerichtig alles daran, Kinder davon abzuhalten. Bei Jungs, die die Finger nicht von sich lassen konnten, wurden unter anderem Drähte durch die Vorhaut gezogen oder Ringe mit Stacheln über den Penis gesteckt. Und den Mädchen (und Frauen) verätzte man einfach ihr Geschlecht. Harvey Kellogg (ja, genau, der Typ, der die Cornflakes erfunden hat – ein Nahrungsmittel übrigens, das den Sexualtrieb hemmen sollte), war ein riesiger Fan von dieser Therapie, die auch in seinem Sanatorium zum Einsatz kam. Andere Ärzte führten lieber eine Operation namens »radikale Kliteridektomie« durch, bei der gleich die gesamte Klitoris weggeschnippelt wurde. Auf diese Weise wurden Frauen auch bei »weiblichen Leiden« wie Hysterie, Kopfschmerzen oder Stimmungsschwankungen therapiert – in Europa und Nordamerika bis weit ins 20. Jahrhundert hinein.

Inzwischen sind zum Glück ein paar Jährchen vergangen, in denen weibliche Masturbation derart salonfähig geworden ist, dass man

19 Schon allein das Wort »Masturbation« kann als mittellateinische Entsprechung zu »Mit der Hand Unzucht treiben« gedeutet werden.

Sex-Spielzeuge für Frauen in fast jeder Drogerie nachgeschmissen bekommt. Dildo-Partys haben die Tupperware schon lange abgelöst. Und wer nicht weiß, wie das mit der klitoralen Stimulation funktioniert (oder noch besser funktionieren kann), meldet sich einfach bei einer dieser Aufklärungs-Websites und -Apps an, wo es Tipps von echten Frauen, Masturbationsvideos und Fingerübungen für den Touchscreen gibt. Hilfs- und Informationsmittel gibt es also genug. Es gibt niemanden mehr, der Frauen von der Selbstliebe abhalten würde. Und trotzdem tun sie es immer noch viel seltener als Männer.

Kein Wunder also, dass sich der Mythos vom ach so schwer zu erreichenden weiblichen Orgasmus so penetrant hält. Denn wenn Frauen und Mädchen sich selbst und ihre guten Stellen nicht allein und bewusst erforschen – wie sollen sie dann wissen, was sie beim Sex mit einem*einer Partner*in brauchen, um zu kommen?

Selbstliebe sorgt aber nicht nur für besseren Sex mit anderen – sondern auch für ein besseres Verhältnis zu sich selbst. Denn wer sich seinen intimsten Stellen zärtlich zuwendet, macht genau das: sich selbst lieben. Und das ist eh die beste aller Motivationen. Für alles.

Und wenn wir schon mal beim Thema »Zuwendung« sind: In der Frauenbewegung der 70er wurden Frauen im Zuge der sexuellen und reproduktiven Selbstermächtigung sogenannte »Selbstuntersuchungen« empfohlen. Immerhin war die Vagina eine Stelle des weiblichen Körpers, die meist nur (männliche) Ärzte zu sehen bekamen (daran hat sich bis heute auch nicht viel geändert). Mit transparentem Hartplastik-Spekulum[20], Taschenlampe und Spiegel bewaffnet machten die Frauen sich damals daran, sich selbst von innen zu erkunden. Wusstet ihr zum Beispiel, dass der Muttermund so ge-

20 Das ist diese Spreiz-Zange, die meist aus Metall gefertigt ist und die Gynäkolog*innen benutzen, wenn sie für eine Untersuchung unsere Vagina aufspreizen.

formt ist wie ein Mini-Donut? Ich auch nicht – bis ich meinen eigenen abgetastet habe. Ich habe mir am Ende zwar kein Spekulum angeschafft, aber mich dafür sehr ausführlich mit meinen Fingern untersucht. Und ich habe mir ein Herz gefasst und nach über dreißig Jahren meine Vulva im Handspiegel betrachtet. Aus genau der Perspektive, die meine Männer immer zum Lecken einnehmen. Das war dann auch der einzige Moment in meinem Leben, in dem ich mir gewünscht habe, ein noch etwas flexibleres Rückgrat zu haben. Aber echt nur ganz, ganz kurz.

Was ich damit sagen will: Falls ihr nicht schon längst wie wild an euch selbst rumspielt – probiert es aus! Ihr könnt nur gewinnen.

Toy-Story

Gadgets sind gut. Hände sind besser.

Als ich den ersten Vibrator meines Lebens in den Händen hielt, fühlte ich mich ganz schön naughty. Ich traute mich ja Sachen! Es war mein 18. Geburtstag, und mein Freund Robert hatte ihn mir mit einem verwegenen Grinsen im Gesicht überreicht. In den Wochen zuvor hatten wir gemeinsam eine Liste erstellt, was wir in Sachen Sex noch alles unbedingt ausprobieren mussten – und zusätzliche Vibrations standen da ganz oben, noch vor dem gemeinsamen Porno glotzen. *Cosmopolitan* und *Sex and the City* hatten mich schließlich gelehrt, dass jede selbstbestimmte Frau einen kleinen Freund in ihrer Nachttischschublade beherbergen sollte.

Meiner war nun goldfarben, geformt wie ein überdimensionierter Lippenstift und stand noch immer inmitten von zerknülltem Papier und den anderen Geschenken auf dem Küchentisch, als mein Vater reinkam. Es musste ihn übermenschliche Anstrengung gekostet haben, so zu tun, als wäre nichts. Aber er war tapfer. Und ich war es auch. Naughty, schön und gut, aber mein Vater und ich waren uns stillschweigend darüber einig, dass er nun wirklich der Letzte war, der Wind davon bekommen musste.

Am Abend endlich schwang ich mich rittlings auf Robert, hielt mir das Ding an die Perle, und kam innerhalb von zwei Minuten. Und noch mal. Und noch mal. Eine Sensation!

Mit Vibratoren kommen Frauen eben schneller als ohne – nicht nur zu zweit, sondern auch allein. Der Erotik-Versandhändler *Amorelie* liefert konkrete Zahlen: Mit Toy-Einsatz kommen ein Drittel der Frauen beim Solo-Sex in nur maximal fünf Minuten und 39 Prozent in bis zu zehn Minuten. Ohne Helferlein schaffen es dagegen nur zehn Prozent in bis zu fünf und 30 Prozent in bis zu zehn Minuten.

Schon Kleopatra ließ sich Hilfe zukommen. Nicht nur in Form von Marmordildos, sondern auch von mit lebenden Bienen gefüllten Papyrustrichtern, den die kleinen Viecher brummen ließen, wie es heute ein batteriebetriebener Vibrator tut. Aber auch die alten Griechen kannten schon tönerne Dildos, die, mit warmem Wasser gefüllt, zur rituellen Stimulation von Frauen eingesetzt wurden.

So richtig Fahrt nahm die Geschichte der Hilfsmittelchen aber erst im 19. Jahrhundert auf, als die »Hysterie« zum Massenphänomen wurde. Der wissenschaftliche Konsens damals war: Eine Gebärmutter, die nicht regelmäßig mit Samen geflutet würde, neige dazu, suchend im Körper umherzuirren und Leiden wie Nervosität, Verwirrung, Wollust, aber auch Schlaflosigkeit oder Blässe hervorzurufen. Was tun? Orgasmen herbeiführen! Wer half? Ärzte! Während Selbstbefriedigung zutiefst verpönt war, massierten Mediziner ihre Patientinnen bis zur »hysterischen Krise« und halfen ihnen so zu neuer Frische und Entspannung.

Weil das aber nicht nur ein befriedigender, sondern auch ein anstrengender Job war, suchte der amerikanische Arzt George Taylor nach einer Möglichkeit, seinen Tennisarm loszuwerden. Und so erfand er 1869 den »Manipulator«, einen Tisch, auf dem die Patientin mit dem Gesicht nach unten liegend mit einem dampfbetriebenen Stab bearbeitet wurde. Vierzehn Jahre später präsentierte der britische Arzt Joseph Mortimer Granville den ersten batteriebetriebenen Vibrator namens »Percuteur« – und damit den Vorläufer von allem, was es heute zur Klitoris-Stimulation so alles gibt. Beworben wurden diese kleinen Maschinen aber bis weit ins 20. Jahrhundert hinein nicht als Mittel zur Befriedigung, sondern mit diffusen Versprechen wie Abhilfe gegen Verspannungen, Vorbeugung von Hysterie und Erhalt von Schönheit und Jugend.

Heute besitzen laut *Amorelie* knapp die Hälfte aller Frauen ein Sextoy. Kein Wunder, die Dinger sind in unserer Popkultur genauso vertreten wie seit Kurzem in der Werbung. Google spuckt mindestens ein Dutzend Anbieter aus, die einem eine Beraterin samt Produktproben nach Hause schicken. Ihr Schmuddel-Image haben die Plastikpenisse und -häschen längst abgelegt: Während das Traditionsunternehmen *Beate Uhse* mit genau diesem Image in den Abgrund ritt, bauten sich diverse Start-ups mit Qualitätsanspruch, modernem Design und Lifestyle-Versprechen als neue Giganten auf. Die anvisierte Zielgruppe: Frauen. Die Message: Eure Sexualität ist wichtig. Subtext: Kauft unsere Produkte.

Es ist ein schmaler Grat zwischen der Enttabuisierung und Ermächtigung weiblicher Lust auf der einen Seite und ihrer Kommerzialisierung auf der anderen. Dass Frauen die lukrativeren Kund*innen sind als Männer, ist hinreichend bekannt, immerhin werden 70 Prozent der globalen Konsumausgaben von Frauen getätigt. Und: Sie sind verführbarer. Aber nicht mehr wie damals im Alten Testament, als Eva, vor Neugierde brennend, der Schlange den Apfel der Erkenntnis nicht ausschlagen konnte. Nein, heute lassen sie sich vor allem deswegen von Werbeversprechen bequatschen, weil sie verzweifelt hoffen, der neue Rasierer würde sie wie eine Venus dem Schaume entsteigen lassen, oder sie würden durch die It-Tasche wenigstens zum It-Girl werden. Sie fühlen sich grundsätzlich zu fett, zu haarig, zu alt, zu dumm, zu faul, zu … (setzt an dieser Stelle einfach irgendetwas Gemeines ein, ich verspreche euch, auch das wird zutreffen). Und bekämpft wird dieser Mangel mit Zeug. »Wenn alle Frauen dieser Erde morgen früh aufwachten und sich in ihren Körpern wirklich wohl und kraftvoll fühlten, würde die Weltwirtschaft über Nacht zusammenbrechen«, schreibt Laurie Penny in *Fleischmarkt*.

Nun sind es aber nicht mehr nur Schuhe, Kleidung, Kosmetik und andere Dinge, die Frauen kaufen sollen, um endlich *ganz* zu werden. Sie brauchen außerdem noch dringend Gadgets, die ihr

Sexleben verbessern. Worauf ich hinauswill: Schon wieder ist da etwas, das Frauen benötigen, weil sie allein nicht klarkommen.

Dabei lassen einen Vibratoren und Co. zwar schneller kommen – aber nicht unbedingt besser. Heute, fünfzehn Jahre nach meinem allerersten, zugegebenermaßen im Billigpreissegment angesiedelten Stück (Robert hatte es damals halt noch nicht so), habe ich einige kostspielige Modelle ausprobiert. Ob Massagestab, Womanizer oder mit zusätzlicher G-Flächen-Stimulation, das Ergebnis war immer das gleiche: Instantentladung, aber leicht und ohne jeden Nachhall. So mechanisch muss sich Sex mit einer Maschine anfühlen. Obwohl, halt! Es *ist* ja Sex mit einer Maschine.

Kein Vergleich dazu, wenn sich meine oder fremde Finger an meiner Vulva zu schaffen machen. Sie vibrieren nicht monoton vor sich hin, sondern reiben, rubbeln, suchen, drücken, immer in Resonanz zu dem Körper, den sie berühren. Auch wenn es bis zum Orgasmus so vielleicht ein paar Minuten länger dauert – der Umweg lohnt sich. Denn das, was dann kommt, ist tausend Mal intensiver als das, was die Maschine bescheren kann. Bei mir zumindest ist das so.

Auf der anderen Seite gibt es auch Frauen, die sich so sehr an die Vibration gewöhnen, dass sie für andere Stimulation nicht mehr recht empfänglich sind. Dann heißt es »Ohne meinen Vibrator sag ich gar nix!«, und das ist wirklich schade – für ihre Partner*innen, am meisten aber für sie selbst.

Keine Frage: Gegenstände können beim Liebesspiel (ob allein oder zu zweit) den Spaß potenzieren. Sich etwas in die Vagina zu stecken oder in den Hintern, sich den Kitzler massieren zu lassen oder die Eichel, sich mit etwas zu hauen oder zu streicheln – das alles können aufregende Spielarten sein. Und doch: Es bleiben Werkzeuge, die wir da benutzen. Dinge, die nicht zu uns gehören, die keine Empfindung haben und nicht auf uns reagieren können. Dinge, die zwischen uns und unseren Körpern stehen und uns daran hindern, ihn anzufassen und ein Gespür für ihn zu bekommen. Und was den Vibrator angeht: Dinge, die Männer ursprünglich erfunden haben, um Frauen maschinell Orgasmen verpassen zu können.

Dabei brauchen wir nun wirklich keine Hilfe in Form von Silikon und Plastik. Was wir brauchen, ist die Freiheit, unsere Sexualität genauso schamlos leben zu dürfen wie Männer.

Wie viele von denen übrigens sogenannte Masturbatoren aka »Taschenmuschis« benutzen, um sich zu befriedigen, ist unbekannt. Die Zahl dürfte gering sein. Was den Markt für männliches Sexspielzeug aber geringfügig mitwachsen lässt, ist die Tatsache, dass mehr und mehr Hetero-Männer auf den Geschmack von Prostata-Stimulation kommen – einem Bereich, den man ohne Hilfe selbst nur schlecht erreichen kann.

Wie man es sich aber so richtig gut mit der Hand besorgt, das erforschen Jungs im Gegensatz zu Mädchen bekanntlich schon im Jugendzimmer.

Mit Tüte, bitte!

Verhütung geht auch gleichberechtigt.

Es wird in den letzten Jahren viel gelacht über die Männer. Was Verhütung angeht, jedenfalls. Da erfinden Forscher endlich lang ersehnte Mittel, die die Verantwortung für folgenlosen Sex in die Hand der Männer legen könnten – und die so: »Och nö.«

2006 zum Beispiel stellte der Pharmakonzern Bayer seine Arbeit an einem vielversprechenden Verhütungsimplantat ein. Fazit der Testpersonen: »Zu unbequem.«

2016 kam dann der Durchbruch bei der Verhütungsspritze, doch die sorgte bei manchen Männern für Akne und Stimmungsschwankungen. Auweia. Diese Nebenwirkungen befand dann auch die WHO tatsächlich für so unzumutbar, dass hier ebenfalls nicht weitergeforscht wurde.

Wenn Frauen sich an dieser Stelle nun wiehernd auf dem Boden wälzen, dann nur aus einem einzigen Grund: Sie sind es so was von gewöhnt, mit unkomfortablen Implantaten, Verhütungsringen, Diaphragmen und Spiralen zu leben. Genauso wie sich viele von ihnen durch hormonelle Verhütung Stimmungsschwankungen bis hin zur Depression, Hautveränderungen, dem Verlust ihrer Libido, Thrombosen und sogar lebensbedrohlichen Embolien aussetzen. Erfahrungsberichte von entsetzten Frauen, die erst nach dem Absetzen der Pille merken, was die Hormone alles mit ihnen angestellt haben, schwemmen Netz und Frauenzeitschriften. Und trotzdem bleibt die Pille Verhütungsmittel Nummer eins.

Auch mein Weg sollte mit Beginn meiner ernsthaften sexuellen Aktivität auf der Suche nach etwas Sicherheit zur Gynäkologin führen. Anfangs dachte ich noch, Kondome würden reichen. Aber nach dem ersten meinem Freund vom Penis gerutschten Kondom mit anschließender Todesangst wollte ich auf Nummer sicher gehen. Es nahmen sowieso alle Mädchen in meiner Klasse, die einen Freund hatten, die Pille. Und manche nahmen sie sogar einfach so, für die Haut. Oder für den Fall der Fälle. Keine von ihnen schien Schwierigkeiten zu haben. Also, keine, außer mir.

Die erste mir verschriebene Pille ließ mich bellen wie ein Köter und heulen wie eine Hyäne. Wäre ich katholisch gewesen, ich hätte einen Priester gerufen. Das war nicht mehr ich, das war der Satan. Und er war verdammt verzweifelt.

»Daran ist die Pille schuld«, sagte meine Mutter, die von Anfang an gegen Hormone gewesen war (in Russland gelten sie als Teufelszeug). Ich glaubte ihr zwar nicht, ging aber trotzdem vorsichtshalber zu meiner Gynäkologin. »Kommt schon mal vor«, sagte die emotionslos. »Probier mal diese hier«, und schon hatte ich ein neues Rezept. An meiner Gemütsverfassung änderte die neue Pille nichts. Dafür aber ließ sie innerhalb weniger Wochen die feinen blauen Äderchen, die immer leicht durch meine helle Haut an den Beinen hindurchgeschimmert hatten, sichtbar blauer werden und hervortreten.

Kurz darauf kam ein Mädchen aus meiner Stufe wegen einer Thrombose ins Krankenhaus und meine Pille in den Müll. Den Vorschlag meiner Gynäkologin, noch ein drittes Mittel auszuprobieren, schlug ich dankend aus. Mein Körper war mir für weitere Experimente einfach zu schade.

Nur ein einziges Mal bin ich seitdem in Sachen hormonelle Verhütung schwach geworden. Es war ein paar Jahre später, als meine Freundin Myla schon seit Monaten von den Vorteilen des Verhütungsrings schwärmte: niedrige Hormondosis, lokale Anwendung, und das Beste: Wenn man ihn durchgängig benutzte, konnte man, zum Beispiel für den Urlaub, auch mal die Regel ausfallen lassen. In der Hoffnung auf ein gummifreies Leben schob ich mir schließlich den Ring in Richtung Muttermund – und konnte mir selbst schon fast dabei zusehen, wie sich meine Seele in alter Gewohnheit in eine Ausgeburt der Hölle verwandelte. Eine Ausgeburt der Hölle mit kolosalem vaginalen Juckreiz wohlgemerkt. Da es die Ringe nicht in der Probierpackung, sondern nur im Dreierpack gab, blieb mir nichts anderes übrig, als die beiden anderen Dinger Myla zu schenken, die sie im Gegensatz zu mir wunderbar vertrug.

Natürlich machte ich bei jeder einzelnen meiner Hormon-Studien meinen Körper für ihr Scheitern verantwortlich. Warum war er nur so verdammt empfindlich? Bei den anderen ging es doch schließlich auch! Was ich allerdings nie infrage stellte, war die Tatsache, dass in all meinen Beziehungen ich diejenige war, die dafür sorgen musste, dass unser Sex folgenlos blieb.

Laut einer Umfrage zum Verhütungsverhalten Erwachsener im Auftrag der Bundeszentrale für gesundheitliche Aufklärung (BzgA) aus dem Jahr 2011 liegt die Verantwortung für die Verhütung zu 73 Prozent in Frauenhand: Für 53 Prozent ist die Pille das Verhütungsmittel erster Wahl, für zehn Prozent die Spirale, fünf Prozent sind sterilisiert, zwei Prozent benutzen einen Vaginalring, ein Prozent lässt sich die Dreimonatsspritze verpassen, und je ein weiteres Prozent setzen auf die Temperatur- und Kalendermethode. Zervixschleimbeobachtung, in Kombination mit täglicher Temperaturmessung übrigens genau so sicher wie die Pille, wurde von keiner der Befragten genannt — was aber nicht bedeutet, dass das niemand erfolgreich praktizieren würde.

Dass es vornehmlich Frauen sind, die sich um die Verhütung kümmern (und auf denen das Hauptaugenmerk der Forschung lange Zeit lag), liegt in der Natur der Sache: Schließlich sind sie diejenigen, die im Fall des Falles ein Kind am Hals hätten, während der Erzeuger womöglich schon über alle Berge wäre. Dementsprechend bleiben Männern, die ihre Zeugungskraft kontrollieren wollen, bislang nur Kondom oder Sterilisation. 37 Prozent aller Erwachsenen setzen auf Präservative, oft auch zusätzlich zu anderen Verhütungsmethoden. Und mit fünf Prozent Sterilisation liegen die Männer immerhin mit den Frauen gleichauf. Dennoch ist die Zahl ein Witz, wenn man bedenkt, wie viel unkomplizierter und kostenärmer eine Vasektomie (Durchtrennung des Samenleiters) im Vergleich zu einer Tubenligatur (Abbindung der Eileiter) ist.[21]

Für viele Männer gilt wohl selbst nach abgeschlossener Familienplanung tendenziell: »An meine Kronjuwelen lass ich nix.« Vermutlich ist es genau dieses Bedürfnis nach körperlicher Unversehrtheit, das es ihnen so schwer macht, Verhütungsmittel einzusetzen, die in ihren Körper eingreifen.

So lächerlich diese Einstellung aber auch wirken mag im Gegensatz zu all den Strapazen, die Frauen im Namen des sorglosen Vergnügens auf sich nehmen – so gesund ist sie auf der anderen Seite auch. Darum bin ich der dezidierten Meinung, Frauen sollten sich nicht nur eine Scheibe davon abschneiden, sondern gleich die ganze Wurst mitnehmen. Oder sie zumindest mit den Männern teilen. Denn Verhütung sollte für niemanden, egal ob Mann oder Frau, unkomfortabel oder mit einem gesundheitlichen Risiko behaftet sein.

Deshalb kann die Antwort auf das bisherige weibliche Verhütungsmonopol nicht sein, die Männer stärker in die Pflicht zu nehmen und sie anstelle der Frauen mit Hormonen vollzupumpen oder ihnen Dinge in ihr Geschlechtsteil zu implantieren.

Gleichberechtigte Verhütung schadet niemandem, und das Beste: Sie wurde schon erfunden. Darf ich vorstellen? Das Kondom! Es ist

21 Die Vasektomie kostet 300 bis 500 Euro; eine Vollnarkose ist dafür nicht notwendig. Die Tubenligatur kann wegen der Schwere des Eingriffs nur in Vollnarkose durchgeführt werden, danach kann man mit zahlreichen Komplikationen rechnen; springen lassen muss man dafür doppelt so viel wie für den Eingriff beim Mann, nämlich 600 bis 1000 Euro.

komplett nebenwirkungsfrei (selbst für Latexallergiker*innen gibt es spezielle Exemplare) und fast so sicher wie die Pille – bei korrekter Anwendung jedenfalls. Zum Vergleich: Der Pearl-Index[22] der phänomenal verlässlichen Pille liegt bei 0,1 bis 0,9, der des Kondoms normalerweise bei 2 bis 12, verbessert sich aber, wenn man alles richtig macht, auf 0,6. Ob beim Sex mit Gummi alles gut geht oder nicht, ist also eine Größe, die sich beeinflussen lässt. Und zwar vor allem vom Mann. Und genau da geht der Schlamassel schon los.

Die paar Typen meines Lebens, die wissen, wie man sich selbst ein Kondom überzieht, ohne dass es hinterher runterrutscht oder reißt, kann ich an einer Hand abzählen. »Ich hab da halt nicht so viel Übung drin«, heißt es dann immer. Das ist nicht nur deswegen beschämend, weil die meisten Männer im Namen der Bequemlichkeit und Gesundheit zumindest in Beziehungen die Verantwortung für Verhütungsmaßnahmen auf ihre jeweilige Freundin abwälzen. Sondern auch, weil sie selbst bei unverbindlichen Begegnungen eher bereit sind, sich den Tod zu holen, als sich ohne zu Murren eine Tüte überzustreifen.

Zur Anziehtechnik kommt, dass lange nicht jedes Gummi auf jedes Gerät passt. An dem einen Penis schlackern die in der Drogerie erhältlichen Standardkondome, an dem anderen lassen sie sich gar nicht erst bis zum Ende runterrollen. Und bei einem dicken Schwanz hilft nicht mal die XL-Version, weil die mehr in die Länge als in die Breite gebaut ist. Je nach Physiologie ist der Mann also dazu gezwungen, sich schon im Vorfeld in den Sexshop oder ins Internet zu begeben und sich um die passende Größe zu bemühen. So viel Aufwand ist die ganze Sache dann aber doch den wenigsten wert. Man kommt schließlich auch so irgendwie durchs Leben.

»Stimmt eigentlich, nach meinem letzten Tripper hatte ich mir auch vorgenommen, endlich mehr darauf zu achten«, sagte einst

22 Maßeinheit, die angibt, wie viele von 100 Frauen, die ein Jahr lang eine bestimmte Verhütungsmethode verwenden, dennoch schwanger werden.

ein hübscher Langhaariger bei einer gemeinsamen After-Sex-Zigarette in der Badewanne. Vorhin hatte ich ihm das Gummi beinahe mit Gewalt überziehen müssen, jetzt wäre ich am liebsten aus der Wanne gesprungen. Ich hoffe, inzwischen passt er besser auf sich auf. Denn gegen etliche sexuell übertragbare Krankheiten ist ein Kondom die einzige Waffe. Hormonelle Verhütung mag zwar vor Schwangerschaften schützen, wer aber nicht immer nur mit der*demselben pennt, für den*die ist die Chance definitiv größer, irgendwann zum Establishment zu gehören als ungeschoren davonzukommen.

Auch wenn manche Männer jetzt stöhnen mögen, ohne sei es doch so viel schöner: Die Kunst liegt in der Vorbereitung. Erstens: Wenn man weiß, wie, ist so ein Tütchen innerhalb von drei Sekunden abgerollt. Also, Penis schnappen und Aufziehen üben, bis ihr es so gut beherrscht wie eine stolze Hure. Es gibt keinerlei Grund für einen Mann, es schlechter zu können als eine Frau. Zweitens: Hat man das volumenmäßig passende Tütchen erst gefunden, ist ein Unterschied zu ohne kaum zu merken. Drittens: Hat man einen besonders reizunempfindlichen Penis oder nicht näher definierbare innere Blockaden, empfehlen die Promiskuitäts-Expertinnen Dossie Easton und Janet W. Hardy, einfach so lange mit Gummi zu masturbieren, bis man sich an das Ding gewöhnt hat.

Zu aufwendig? Dann reißt euch halt mal zusammen! Es hat ja auch niemand behauptet, dass man sich für Gleichberechtigung keine Mühe geben müsste.

Auf dem Stuhl

*Wie Gynäkolog*innen und Rechtsprechung Frauen für ihre Sexualität bestrafen.*

Mein erstes Mal auf dem gynäkologischen Stuhl hatte ich mir immer als Fegefeuer der Peinlichkeit ausgemalt. Mit gespreizten Beinen vor einer*einem Fremden liegen und sich in der Vagina rumstochern lassen – wenn es eine Hölle gab, dann so. Also wartete ich, bis es absolut nicht mehr anders ging: Ich war grade 16 geworden, als meinem Freund und mir eines unserer ersten Kondome gerissen war; also hatte ich schreckliche Angst, schwanger zu sein. Und weil so etwas nicht noch mal passieren sollte, wollte ich mir, wie gesagt, die Pille verschreiben lassen.

Nicht nur, aber auch wegen unseres Verhütungsunfalls fühlte ich mich klein, dumm und unerfahren – und genauso wurde ich von der Frauenärztin, zu der mich eine Freundin mitnahm, auch behandelt. Warum ich denn nicht einfach einen Schwangerschaftstest zu Hause gemacht habe? Ob ich überhaupt wüsste, wie man Kondome richtig benutzt? Ob ich in der Lage sei, die Pille regelmäßig einzunehmen? Und so weiter.

Am Ende hatte ich zwar die Gewissheit, nicht schwanger zu sein, und sogar ein Rezept für die Minipille in der Hand, war aber kurz davor, vor lauter Demütigung mitten auf der Straße loszuheulen.

Für die meisten jungen Frauen ist der Gynäkolog*innenbesuch ein ebenso unvermeidlicher Teil des Erwachsenenlebens wie die Periode: Kann man eh nix gegen machen, also Augen zu und durch.

Wann allerdings das erste Mal ansteht, muss jede für sich entscheiden. Hat man nämlich keine Beschwerden und will auch nicht hormonell verhüten, dann muss man da erst mal auch nicht hin. Ab zwanzig aber ist ein Mal im Jahr ein absolutes Muss. Gut, die Brust kann man sich dank Youtube immer noch selbst auf Knoten abtasten. Für den sogenannten Pap-Test muss allerdings ein*e Gynäkolog*in her. Diese Vorsorgeuntersuchung steht in Deutschland allen Frauen ab zwanzig Jahren ein Mal jährlich kostenlos zu, ab 35 dann nur noch alle drei Jahre – und sollte auch wahrgenommen werden.[23] Jedenfalls, wenn man keine Lust hat, an Gebärmutterhalskrebs zu erkranken. Denn was viele von uns nicht wissen: 80 Prozent aller Frauen stecken sich vor ihrem fünfzigsten Lebensjahr beim Sex mit HPV an, einem Virus, der je nach Typ völlig symptomlos verlaufen, uns Genitalwarzen bescheren oder eben, ein paar Jährchen später, zu Gebärmutterhalskrebs führen kann. Klar, je mehr Sexpartner*innen man hat, desto größer ist die Chance, sich mit HPV anzustecken. Da helfen leider nicht mal Kondome, denn die senken das Risiko auch nur auf 50 Prozent. Und weil HPV (außer in manchen Fällen lästige Warzen) anfangs keinerlei Probleme verursacht, kann man nie sicher wissen, ob man's denn nun hat oder nicht.[24]

Und so läuft man eben, wenn es nicht anders geht, unangenehm berührt mit entblößtem Unterkörper durchs Behandlungszimmer, lässt sich von wildfremden Leuten Spekula einführen, in die Vagina gucken und die Brüste abtasten. Schön ist das alles nicht, und

23 Ist ja eine nette Idee vom Gemeinsamen Bundesausschuss, bei Frauen ab 35 den Pap-Test mit einem HPV-Test zu kombinieren. Dafür aber aus der jährlichen Kontrolle eine dreijährliche zu machen – ganz mieser Move.

24 Deshalb empfiehlt die Ständige Impfkommission für Mädchen im Alter von 9 bis 14 Jahren auch eine Impfung gegen Gebärmutterhalskrebs. Wer nach 18 impft, muss allerdings schon selbst bezahlen, denn die Gefahr, sich bereits mit einem oder mehreren HPV-Typen angesteckt zu haben, steigt eben auch mit der Zunahme von sexueller Aktivität. Und weil es dann schon bereits zu spät sein könnte, will die Kasse da nicht mehr für aufkommen.

vermutlich ist es nicht mal besonders kühn zu behaupten, dass viele Frauen lieber zur*zum Zahnärzt*in gehen als zu ihrem*ihrer Gynäkolog*in. »Lass den verdammten Abstrich machen«, sage ich immer wieder zu meinen Freundinnen, von denen nur ein Bruchteil auf meine unsexy Litanei mit einer umgehenden Terminvereinbarung reagiert. Manche von ihnen sind nämlich derart traumatisiert, dass sie selbst dann auf ärztliche Obhut verzichten, wenn sie schwanger sind. Hebammen sind in den allermeisten Fällen nämlich nicht nur viel netter als Ärzt*innen – bis auf den Ultraschall können sie in der Schwangerenvorsorge medizinisch im Grunde auch alles abdecken, was die ärztliche Praxis zu bieten hat.

Und auch ich quälte mich in den ersten Jahren meiner sexuellen Aktivität nur in die Praxis, wenn es absolut nicht anders ging. Trotzdem hatte ich eine fixe Idee: Irgendwo musste es sie doch geben, die perfekte Frauenärztin. Eine, die freundlich wäre. Eine, die mich ernst nehmen würde. Eine, vor der ich mich weder für Verhütungsunfälle noch für unerklärliche Ausflüsse schämen müsste. Und tatsächlich: Nach Jahren des Gynäkologinnen-Hoppings fand ich sie endlich. Oder, konkreter, ich fand IHN.

Hatte ich mir früher immer bewusst ÄrztINNEN ausgesucht oder empfehlen lassen, weil mir Männer, die sich das weibliche Geschlecht zum Beruf gemacht hatten, per se suspekt waren, hatte ich dieses eine Mal meine Regel gebrochen. Ich war gerade neu in der Stadt, zwischen meinen Beinen tobte der Pilz des Grauens, und alle Ärztinnen im Umkreis von mehreren Kilometern weigerten sich, weitere Patientinnen aufzunehmen. Ich war offensichtlich nicht die Einzige, die sich lieber von einer Frau als von einem Mann an ihren intimsten Stellen rumfummeln lassen wollte. In meiner Verzweiflung wählte ich irgendwann die Nummer eines völlig beliebigen Mannes namens Dr. H. – und erlebte wenige Stunden später Liebe auf den ersten Blick. Er erfüllte alle meine Kriterien, und sogar noch einige mehr: Das Anamnesegespräch war so tiefsinnig wie ein Besuch bei eine*r Psycholog*in. Im Gegensatz zu seinen Vorgängerinnen, die das kalte, scharfkantige Spekulum so ruckartig in meine Vagina zwängten, als wollten sie mich für meinen Besuch bei ihnen bestrafen, führte er es angewärmt und beinahe zärtlich in mich ein. Und kam ich mal nicht ganz so pünktlich und abgehetzt zu einem Termin, reichte mir seine lächelnde Sprechstundenhilfe zum Runterkommen erst mal ein Glas Wasser. Bei der Untersuchung war sie übrigens stets anwesend, sodass keine Patientin untenrum entblößt und allein mit einem fremden Mann sein musste. Das wird männlichen Gynäkologen seit einer Reihe von Übergriffsvorwürfen und -enthüllungen in den neunziger Jahren sowieso empfohlen, ist aber noch lange nicht die Regel.

Nur in einer einzigen Sache enttäuschte Dr. H. mich einige Jahre später. Ich hatte meinen Eisprung falsch berechnet und saß, inzwischen ziemlich schwanger, im Untersuchungszimmer. »Warum sind Sie denn nicht eher gekommen?«, fragte er. Es war schon Ende der zehnten Woche, wenn ich einen Abbruch wollte, musste ich mich ranhalten. »Ich dachte erst, ich packe das, aber jetzt bin ich mir nicht mehr so sicher«, sagte ich und kniff die Augen zusammen, damit die Tränen keine Chance hatten, so aus mir rauszuspritzen, wie sie es in den letzten Wochen gern zu jeder sich bietenden Gelegenheit getan hatten. Ich war 21, hasste mein Studium, war chronisch pleite und steckte in einer Beziehung, die mich auffraß.

»Du musst abtreiben«, sagte meine Mutter.

»Wir werden das schon schaffen«, sagte mein Freund.

»Und wenn das mit ihm nicht klappt, dann haben wir halt ein WG-Baby«, sagte mein Mitbewohner.

Alle um mich herum hatten eine Meinung. Nur ich wusste als Einzige nicht, was das Richtige war. Gleichzeitig war ich diejenige, die dieser Zellklumpen in meinem Bauch am Unmittelbarsten betraf. Ich war diejenige, die von morgens bis abends kotzen wollte. Die später unter tödlichen Schmerzen etwas Riesiges aus einer viel zu kleinen Öffnung pressen, ihren jungenhaften Körper für immer vergessen sowie ganze Jahre nicht nur ihres Nachtschlafs, sondern auch noch ihres Lebenslaufs opfern müsste. Ich wäre diejenige, die allein mit dem Kind dastünde, würde alles so schiefgehen, wie es sich jetzt bereits ankündigte, während mein (Noch-)Freund im Zweifel mit einer kleinen monatlichen Zuwendung fein raus wäre. Und ich war durch meine Unachtsamkeit auch noch selbst schuld daran. Was war die Natur nur für ein sexistisches Miststück?

Es half alles nix, eine Entscheidung musste her, und zwar schnell. Um sie zu beschleunigen, stellte Dr. H. mir kurzerhand einen Mutterpass aus – dieses gelbe Heftchen, das jede Frau, die guter Hoffnung ist, stets mit sich herumträgt als Zeichen ihrer baldigen Mutterschaft. »Ich weiß aber noch gar nicht …«, stammelte ich. »Für alle Fälle«, sagte er sanft lächelnd wie immer. Da stand es nun. Gewicht der Schwangeren, Größe des Fötus, voraussichtlicher Geburtstermin. Es schien alles besiegelt.

Wenige Tage später kam ich zurück. »Ich kann nicht«, sagte ich. »Ich möchte eine Abtreibung. Wie machen wir das jetzt?« Dr. H.s sonst so fröhliche Mundwinkel sanken nach unten. »Wir machen hier … so etwas … nicht«, sagte er. Das Wort sprach er nicht mal aus. Dann drückte er mir mit dem Hinweis, dass ich mich jetzt aber wirklich beeilen müsste, zwei Karten in die Hand: die einer Beratungsstelle und die einer anderen Praxis. Einer, in der man »so etwas« machte.

Die Beratung dauerte höchstens zehn Minuten und wurde von der wohl gleichgültigsten Person dieser Erde durchgeführt. Die Fragen an mich las sie von einer Checkliste ab, und meine Antworten interessierten sie ungefähr so sehr wie der Mädchenname meiner Mutter. Am Ende wies sie mich mechanisch auf finanzielle Hilfsangebote für Frauen in Not hin. Als ob Geld mein einziges Problem gewesen wäre.

Das soll alles sein?, wummerte es in meinem Kopf, als ich mit dem Beratungsschein, meinem Ticket für die Abtreibung, in der

Hand wieder draußen vor der Tür stand. Vermutlich hätte ich das Kind nicht mal dann haben wollen, wenn die Frau mit mir zusammen eine Runde geweint und sich danach als 24/7-Amme angeboten hätte. Aber wenn es eine Chance gegeben hätte, das Ruder noch mal rumzureißen, dann war sie mit dem absoluten Desinteresse dieser zur Neutralität verpflichteten Frau vertan. Ich fühlte mich mutterseelenallein.

In der Praxis, in der die Abtreibung stattfinden sollte, sah mir niemand ins Gesicht. Selbst die Frau am Empfang mochte mein Begrüßungslächeln nicht erwidern. Auch der Arzt sah an mir vorbei, als er mir im Behandlungszimmer einen »Guten Morgen« wünschte und fragte, ob ich die Beruhigungspille eingenommen habe. Natürlich hatte ich. Dann führte er mir das Ultraschallgerät ein. »Sehen Sie mal«, sagte er. Gehorsam drehte ich meinen Kopf in Richtung Bildschirm. »Alle Organe sind schon vollständig ausgebildet. Vielleicht wollen Sie es sich noch einmal überlegen?« Da war er, der Fötus. Mein Kind. Der Arzt zog fragend die Augenbrauen hoch, als er die Zimmerdecke fragte: »Und? Was meinen Sie?« Ich war ihm nicht schnell genug, aber die Beruhigungspille machte mich merkwürdig stressresistent. In aller Ruhe sondierte ich mein Innerstes ein letztes Mal auf eine Antwort. Grau waren die letzten Wochen gewesen und einsam und voller Angst. Ich wollte mein Leben zurück. Unbedingt. Und kaum hatte ich mein heiseres »Ich bin mir sicher« rausgebracht, da setzte sich auch schon meine Liege Richtung OP in Bewegung. Es gab hier keine Zeit zu verlieren.

Ich erwachte in einem kleinen, dunklen Verschlag. Nur von oben kam ein wenig Licht herein, von dort, wo die Trennwände aus grauem Plastik nicht ganz bis zur Decke reichten. Ich tastete an mir hinunter. Unter dem Leibchen trug ich eine Netzunterhose, in der eine überdimensionale Binde steckte. »Was ist das hier nur für ein schrecklicher Ort? Die Leute sind alle irgendwie gestört«, flüsterte mein Mitbewohner Anton, der sich bald, nachdem ich wach geworden war, in meine Kabine gequetscht hatte, um mich nach Hause zu bringen. »Und was soll das hier überhaupt sein? Wollte man dich zur Strafe lebendig begraben?«

Erleichterung schwemmte tief aus meinen Eingeweiden hoch in meine Brust. Die Erniedrigungen der letzten Wochen hatten hier ihren Höhepunkt gefunden, aber all das war endlich vorbei, und die Gewissheit darum ließ mich ein wenig kichern, und Anton kicherte mit, und schließlich lachten wir etwas, das nach Verzweiflung und Erlösung gleichzeitig klang. Bis eine Schwester ihr strenges Mäuse-Gesicht in die Tür hielt. »Nehmen Sie bitte Rücksicht auf die anderen Patientinnen. Nicht jede steckt diese Entscheidung so gut weg wie Sie!«, zischte sie zu uns herein und schloss die Tür augenblicklich wieder. Schweigend half mein Anton mir in meine extra mitgebrachte Schlabberhose und beförderte mich nach Hause, wo ich noch lange, lange bluten sollte.

Abtreibung ist bei uns zwar straffrei vor dem Gesetz. Bestraft werden Frauen, die einen solchen Eingriff durchführen lassen, aber trotzdem. Wenn man ihnen nicht zuhört, sie zu einer Entscheidung drängt, die nicht ihre ist, ihnen Schuldgefühle einredet und sie überhaupt wie die allerletzten Sünderinnen behandelt. »Hättest du halt die Beine zusammengehalten. Oder wenigstens aufgepasst«, war der Subtext eines jeden Gesprächs, ach was, eines jeden Blicks der Menschen im Gesundheitswesen.

Meinen Freund, der immerhin 50 Prozent Verantwortung für den ganzen Aufriss trug, betraf nichts davon. Weder vorher noch nachher noch währenddessen. Er hatte zu diesem Zeitpunkt wie die meisten Männer noch nie in seinem Leben einen Zykluskalender gesehen, geschweige denn hätte er ausrechnen können, wann ungeschützter Sex okay gewesen wäre. Weil er nicht derjenige war, der im Zweifel ein Baby an der Backe gehabt hätte, hatte er keine Notwendigkeit gesehen, sich damit auseinanderzusetzen. Er war, dank Penis, fein raus aus der Sache.

Wenn in unserer Gesellschaft also, wie kürzlich durch die Affäre um die Ärztin Kristina Hänel und den Paragrafen 219a[25] oder auch diese ekelhaften US-amerikanischen Bestrebungen, Abtreibung in jedem noch so abstrusen Fall unter Strafe zu stellen, darüber gestritten wird, was erlaubt sein darf und was nicht – dann geht es nicht an erster Stelle darum, ungeborenes Leben zu schützen. Sondern darum, Frauen das Recht auf sexuelle Selbstbestimmung abzusprechen. Sie werden immer diejenigen sein, die die Konsequenzen einer ungewollten Schwangerschaft tragen müssen, sobald sie einen Penis in ihre Vagina lassen. Oder wie meine Mutter immer so schön sagt: »Für eine Frau ist kein Sex die beste Verhütung!«

Und so lange der Paragraf 218 StGb, der Abtreibung zwar für straffrei, aber halt gesetzeswidrig erklärt, existiert, werden Frauen sich auch vierzig Jahre nach der berühmten »Wir haben abgetrieben«-Aktion des Stern[26] für ihre Sexualität schämen müssen. Noch immer redet kaum eine Frau offen über das, was sie im Bett macht, geschweige denn über einen Abbruch, was es wiederum fast unmöglich macht, im Fall des Falles eine Anlaufstelle zu finden, wo man nicht wie Dreck behandelt wird.

25 Die Ärztin klärte auf ihrer Website über die Durchführung von Abtreibungen auf, was ihr laut Paragraf 219a StGb eine Klage wegen Werbung für Abbrüche einbrachte – aber gleichzeitig auch eine Welle der Solidarität und breite Diskussionen auslöste. Ihnen ist es zu verdanken, dass der entsprechende Paragraf Anfang 2019 zumindest so weit abgeändert wurde, dass Ärzt*innen nun darauf hinweisen dürfen, dass sie Abtreibungen durchführen. Unter welchen Voraussetzungen sie das tun und welche Methoden sie dabei verwenden, das wiederum müssen sie immer noch für sich behalten.

26 Am 3. Juni des Jahres 1971 erklärten 374 teilweise sehr berühmte deutsche Frauen im Stern, abgetrieben zu haben. Damals waren Schwangerschaftsabbrüche zwar genau wie heute illegal, der Paragraf 218 sah aber noch keine Straffreiheit vor. Was für ein Tabubruch!

Dass ich inzwischen eine wirklich fantastische Ärztin kenne, die als Einzige in der Stadt (!) auch medikamentöse Abtreibungen durchführt, habe ich nur einer einzigen Freundin zu verdanken, die keinen Hehl aus ihrer Abtreibung machte. Ohne intensiven Rechercheaufwand hätte ich davon dank »Werbeverbot« nie erfahren. Nicht, dass ich diesbezügliche Dienste seit diesem einen Mal nötig gehabt hätte. Und klar, für die Abtreibungspille war ich damals eh schon zu spät dran. Aber Himmel, was würden andere Frauen für so einen Tipp geben!

Und damit schließt sich auch der Kreis, denn ja, die jährlichen Untersuchungen meiner Vagina werden wieder von einer Frau durchgeführt. Nicht, weil ich Dr. H. nach all dem Abtreibungstrouble untreu geworden wäre (ich weiß, er meinte das alles nicht böse). Sondern weil ich wenig später in eine andere Stadt gezogen bin. Der Zufall wollte es, dass es am Ende wieder eine Frau wurde, vielleicht auch die Statistik. Schließlich gibt es inzwischen viel mehr Gynäkologinnen als Gynäkologen. Im Jahr 2012 meldete das *Deutsche Ärzteblatt* einen Anstieg des Frauenanteils bei der Fachärzt*innenprüfung auf 80 Prozent.

Auch wenn meine neue Ärztin es in puncto Zärtlichkeit lange nicht mit Dr. H. aufnehmen kann, ist sie okay für mich. Denn inzwischen weiß ich sehr gut, was ich will, und Scham spielt kaum noch eine Rolle für mich. Aber für all die jungen Frauen dort draußen wünsche ich mir mehr Ärzt*innen, die freundlich sind. Die ihre Patientinnen ernst nehmen.

Und bei denen man sich für nichts, aber auch wirklich gar nichts zu schämen braucht.

Touched for the very first time

Der Kult um die weibliche Jungfräulichkeit ist noch lange nicht Geschichte.

Mein jungfräuliches Teenager-Ich wollte Sex. Eindeutig. Seit es rausgefunden hatte, wie das mit dem Orgasmus funktioniert, war es dauerhorny, neugierig und wollte einfach über die Schwelle. Trotzdem war es auf der Hut. Für das erste Mal eines Mädchens gab es schließlich eine strenge Choreografie: Es musste mit dem »Richtigen« passieren, also einem Jungen, mit dem man fest zusammen war. Aber erst nach einem Jahr oder so, jedenfalls bloß nicht zu schnell, sonst lief man Gefahr, als Schlampe zu enden. Ein großer Akt war das, der wohlüberlegt sein wollte. Nichts würde mehr so sein wie vorher, das sagten uns schon die Begriffe, mit denen unsere Entjungferung umschrieben wurde. Immerhin bedeutete unsere »Defloration«, das Abpflücken unserer Blume, nichts weniger als den Verlust unserer Unschuld.

Die Jungs wollten auch Sex, das war klar. Nur, dass um ihr erstes Mal nicht halb so viel Gewese gemacht wurde wie um unseres. Eigentlich gar keins. Für sie war sexuelle Erfahrung nur von Vorteil, und die konnten sie sich ruhig so schnell wie möglich draufschaufeln. »Unberührt« und »rein« zu sein hatte nur einen Wert, wenn man ein Mädchen war. Dann hatte man sich halt aufgespart. Jungs hingegen, die den Lurch bis zum Abi nicht aus der Hose bekommen hatten, galten im besten Fall als sonderlich, im schlechtesten als Loser. In deren Haut wollte niemand stecken.

Nicht, dass ich undankbar wäre. Wir hatten Glück, immerhin bekamen viele von uns sogar den elterlichen Segen für die Pille (also, alle außer mir). Niemand verlangte von uns, jungfräulich in die Ehe zu gehen. Keine von uns musste sich, wie es in den amerikanischen Bible-Belt-Staaten häufiger vorkommt, in ein Tüllkleid quetschen und auf einem dieser »Purity-Balls« Gott und Daddy die Treue schwören. Oder musste, wie es in muslimischen Kontexten immer wieder der Fall ist, um die eigene Ehre und gleich die der ganzen Familie bangen, wenn sie auf ihrem Hochzeitslaken keine Blutspuren hinterließ.

Wäre ich nicht auf ein Gymnasium mit einer ethnischen-religiösen Durchmischung von 0,01 Prozent gegangen, dann hätte ich wohl schon damals eine Ahnung davon bekommen, wie vielen Frauen mit islamischem Hintergrund es auch mitten in Europa so geht. Sie haben nicht nur dann Angst, womöglich nicht zu bluten, wenn sie verbotenerweise vorehelichen Sex hatten, sondern selbst wenn Keuschheit ihr zweiter Vorname ist. Denn dass das Jungfernhäutchen beim ersten Eindringen eines Penis nicht unbedingt blutig einreißen muss, hat sich inzwischen rumgesprochen. Verlangt wird der Unschuldsbeweis von Ehemännern oder gar Verwandten oft trotzdem.

Die Frauen müssen sich also selbst helfen: Hatten sie bereits Sex, erhöht eine operative Hymen-Rekonstruktion die Chance auf erneute Blutung. Gynäkolog*innen und plastische Chirurg*innen bieten diese umstrittene Operation, über deren Häufigkeit es aber keine verlässlichen Zahlen gibt, auch in Deutschland an. Eine andere Möglichkeit gibt's im Internet für einen Bruchteil des OP-Preises: künstliche Jungfernhäutchen – im Gegensatz zum Hymen aus Fleisch und Blut bekommt man hier eine 100-Prozent-Erfolgsgarantie. So ein mit künstlichem oder tierischem Blut oder Pulver gefülltes Cellulosesäckchen wird wie ein Tampon in die Vagina eingeführt, wo es sich im Kontakt mit Wärme und Feuchtigkeit auflöst – und voilà, die rote Hochzeitsnacht ist gerettet.

Hört sich an wie Mittelalter? Vielleicht. Aber auch christlich sozialisierte Menschen mystifizieren das Jungfernhäutchen.

Entgegen einer weit verbreiteten Annahme ist das Hymen kein »Jungfräulichkeits-Siegel«, das, einmal vom Penis durchstochen, für immer hinüber ist, wie die dänischen Ärztinnen Nina Brochmann und Ellen Støkken Dahl in ihrem Buch *Viva la Vagina! Alles über das weibliche Geschlecht* erklären. Es ist nicht mal wirklich ein Häutchen, sondern eine Schleimhautfalte, die um die Vaginalöffnung herum sitzt und sie in den meisten Fällen etwas verengt. Für ihr Aussehen gibt es keine Norm. Sie kann wie ein Ring geformt sein oder wie ein Halbmond, faltig sein, fransig oder glatt. Manchmal verdeckt ein Teil von ihr den Vaginaleingang, manchmal ist sie löchrig wie ein Sieb. Alles, was beim ersten Sex passiert, ist eine Aufdehnung dieser Falte. Die kann dabei leicht einreißen, und schon kommen die berühmten Blutströpfchen.

Umgekehrt muss eine vaginale Blutung aber nicht unbedingt von Unberührtheit zeugen. Denn nur allzu leicht kann es passieren, dass die empfindliche Schleimhaut von ruppigem Eindringen und unsanften Stößen verletzt wird – vor allem, wenn sie nicht feucht genug oder zu angespannt ist. Überhaupt kann man einer Vulva, ganz entgegen der weit verbreiteten Annahme, ihre Jungfräulichkeit nicht ansehen. Manchmal reißt das Hymen schon vor dem ersten Sex ein, beim Sport oder bei einem Unfall beispielsweise. Oder es wächst nach dem ersten Schäferstündchen narbenfrei wieder zusammen.

Die Beschaffenheit des Hymens ist also vor allem Veranlagungssache und sagt absolut nichts über die sexuelle Aktivität seiner Besitzerin aus – genauso wie die Enge oder Weite einer Vagina, die gern als Referenz dafür genommen wird, wie viele Kerle eine Frau schon in sich hatte. Darum dürfen Sprüche über ausgeleierte Pussys ja auch auf keinen Fall fehlen, wenn Männer promiskuitive Frauen runtermachen. Über einen von all seinen angeblichen Ausschweifungen erschlafften Penis hingegen hörte ich noch nie eine Frau lachen. Ebenso wenig wie von einem Mann, der bei der Hochzeit von seiner Mama an die Braut übergeben wird. Auch nicht von einem als Zeichen seiner Unschuld Weiß tragenden Bräutigam. Überhaupt, wer unsere Hochzeitszeremonien als sinnentleerte, aber schöne Traditionen begreift, soll das bitte sehr machen. Er*sie sollte nur bedenken, dass sie aus einer Zeit stammen, in der die weibliche Sexualität ausschließlich von Männern kontrolliert wurde. Oder wie Sandra Konrad schreibt: »Das weibliche Geschlecht gehört dem männlichen – erst dem Vater, dann dem Mann. [...] Sex ist dabei der Feind des weiblichen Geschlechts, dem erst nach der Hochzeit zum Zweck der Fortpflanzung begegnet werden darf.«

Über diese Zeiten sind wir, oder zumindest die nicht fundamentalreligiösen Teile unserer Gesellschaft, zum Glück hinweg. Und immerhin hat die weibliche Jungfräulichkeit in Deutschland, seit der Kranzgeldparagraf im Jahr 1998 abgeschafft wurde, auch keinen monetären Wert mehr. Bis zu diesem Zeitpunkt sicherte das Gesetz einer Frau, die von ihrem Verlobten zum vorehelichen Sex verführt worden war, nämlich einen Schadensersatz für die verlorene Jungfräulichkeit zu, wenn die Ehe dann doch nicht zustande kam. Auch wenn dieser Paragraf seit den 1980er-Jahren keine Anwendung mehr fand, hält er uns vor unsere hoffentlich schreckgeweiteten Augen, wie kurz die Geschichte der selbstbestimmten, von der Ehe entkoppelten weiblichen Sexualität überhaupt erst ist.

Immerhin existieren noch immer haufenweise Typen, die »Unberührtheit« fetischisieren und Jungfrauen als Trophäe betrachten. Da einzustippen, where no man has gone before, Erster zu sein, hat für sie einen besonderen Wert. Passenderweise gibt es auch erwachsene Frauen auf dieser Welt – Frauen, an deren sexueller Aktivität keinerlei Zweifel besteht –, die sich das Hymen flicken lassen, um mit einem neuen (oder alten) Partner »erstes Mal« zu spielen. *Ihr* erstes Mal, wohlgemerkt, nicht seins.

Bis zur endgültigen Befreiung dauert es also wohl noch ein bisschen. Ein guter Indikator dafür wäre unter anderem, wenn Mädchen, die Sex wollen, keinen Ruf zu verlieren haben. Und Jungs, die keinen wollen, genauso wenig.

Wie unrühmlich meine »Defloration« am Ende gelaufen ist, wisst ihr ja inzwischen: Ich war besoffen und wurde vergewaltigt. Diese Geschichte beschämte mich lange zutiefst. Also erzählte ich nur zwei ausgewählten Freundinnen von diesem Abend – in einer durch und durch euphemistischen Version, die nichts mit Gewalt und schon gar nichts mit Entgleisung zu tun hatte. Vova wurde zu einer Art mystischem Prinzen verklärt, von dessen Zuneigung man allerdings auch nicht viel erwarten konnte, schließlich war er ja leider verheiratet. »Und na ja«, setzte ich seufzend hinzu, »wenigstens habe ich es jetzt hinter mir.« Denn der Spaß, der sollte laut Bravo und Konsorten ja sowieso nicht beim ersten Mal, sondern erst mit der Erfahrung kommen.

Und bis zu der war es dann zum Glück auch nicht mehr weit.

Nicht schlechter als Sperma

Eine Ode an die weiblichen Säfte.

Es war ein Abend bei einer Bewusstseinsgruppe – ihr wisst schon, so eine, wo man im Kreis sitzt und über Gefühle redet und einengende Strukturen und wie man sich befreit.[27] Und obwohl ich schon öfter da gewesen war, war ich dieses eine Mal so aufgeregt wie vor meiner Einschulung. Ach was, sagen wir, wie vor meiner Einschulung, nur in nackt. Denn es hatte eine Hausaufgabe gegeben. »Schreibt ein Geheimnis auf, etwas, das ihr niemandem erzählen würdet«, hatte Rosa, die Leiterin, beim letzten Mal gesagt. »Je krasser, desto besser.« Sie würde dann die Zettel einsammeln und vorlesen, anonym selbstverständlich. Aber immer noch entblößend genug.

Natürlich hatte ich ungefähr eine Trillion kleine schmutzige Geheimnisse, da war ich nicht besser als der Rest der Welt. Aber weder hatte ich meiner Mutter heimlich in die Suppe gepinkelt, als ich klein war, noch tötete ich Kätzchen oder betrog meinen Mann, da war nix Krasses zu holen bei mir. Dachte ich jedenfalls. Bis mein Blick beim morgendlichen Zähneputzen auf meine getragene Unterhose fiel, oder viel mehr auf meinen Fuß, der das Ding völlig automatisiert in die Ecke schob, als mein Mann das Bad betrat. Das war der Augenblick, in dem mir klar wurde, was auf dem Zettel stehen musste.

Und nun war es so weit, ein Geheimnis nach dem anderen wurde verlesen. Wir würdigten jemandes Hass auf seinen*ihren Vater, ein

27 Ich liiieeebe diese Gruppen, jede Frau, ach was, jeder Mensch sollte mindestens eine besuchen!

unwiderstehliches Bedürfnis, die Arbeit zu schwänzen, ein, zwei, drei Jugendsünden, und dann sagte Rosa es endlich: »Ich habe, seit ich dreizehn bin, vaginalen Ausfluss.« Mir war, als ob alle Frauenköpfe, die eben noch mit betroffenem, aber aufmerksamen Blick in die Runde gerichtet gewesen waren, sich unwillkürlich senkten. Keine wollte mit diesem Shit in Verbindung gebracht werden. Nicht mal ich. Aber dann sagte Rosa: »Ein sehr gutes Geheimnis!«, und unsere Köpfe hoben sich wieder. »Jede Frau und jedes Mädchen hat Ausfluss in der Hose, es redet nur niemand drüber.« Sie musste es wissen, schließlich war sie Hebamme und kannte sich mit dem weiblichen Körper und seinen Flüssigkeiten aus. Wir anderen aber hätten uns wohl lieber die Zungen abgeschnitten, als über unsere tropfenden Vulven zu sprechen.

Es ist so normal: Getragene Höschen vor anderen verstecken, als zeugten sie von Aussatz statt Ausfluss. Der menstruierenden Kollegin einen Tampon so unauffällig weitergeben wie ein Tütchen mit Drogen. Wenn's beim Orgasmus mal extra-feucht wird, in Panik verfallen, ob das nicht vielleicht doch Pipi war. Flüssigkeiten, die mit Beginn der Pubertät aus der Vagina kommen, sorgen erst für Verwirrung – und dann für Scham. Schließlich haben wir sie nicht unter Kontrolle, sind mit ihnen nicht mehr ganz »sauber« untenrum, hinterlassen Flecken, riechen womöglich komisch. Und sauber sein, das wollen wir unbedingt.

Auf ewig unvergessen bleibt bei mir auch ein legendärer Zahnärztinnen-Besuch in meinen frühen Zwanzigern: Kaum stand ich nach der Behandlung vom Stuhl auf, fiel mein Blick zusammen mit dem der beiden Helferinnen auch schon auf die Blutlache, die mein ungehorsamer Unterleib auf dem türkisen Plastik hinterlassen hatte. Ohne auch nur ein Wort zu dem Desaster zu verlieren, stürzten sie sich mit Schwämmen und Tüchern bewaffnet in den Kampf, in ihren Augen das blanke Entsetzen. Das Entschuldigungs-Gestammel meines Mundes drang nicht mehr zu ihnen durch. Mein Genital hatte sich öffentlich bemerkbar gemacht. Es hatte so was von gesuppt, das ging ja wohl gar nicht.

Dabei hatte doch die Intimhygiene-Industrie für alles eine Lösung! Mit einem Tampon bleibt deine Regel ganz diskret, und wenn du die mit Einführhilfe kaufst, braucht du dich nicht mal da unten anzufassen. Intim-Waschgels, Deos, Vaginalduschen und Slipeinlagen mit Frischeduft halten nicht nur dein Höschen rein, sie tun auch was gegen den Bäh-Faktor in der Nase. Und wenn deine Vulva nicht der aktuellen Mode entspricht – schnipp schnapp, schon ist sie ein Brötchen! Hast du sie nicht im Griff, bist du selber schuld.

Dass das weibliche Geschlecht und seine Säfte einen so miesen Ruf genießen, war nicht immer so. Genau genommen war der in grauen Vorzeiten sogar ganz hervorragend: Bei Riten rund um die griechische Fruchtbarkeits-Göttin Demeter zum Beispiel war es üblich, dass Frauen ihr Geschlechtsorgan voreinander entblößten und feierten. Statuen von Frauen, die ihre (oft überdimensionierte) Vulva offen zeigen, wurden bis ins Mittelalter hinein in ganz Europa an wichtigen Orten wie Kirchen, Klöstern, Stadttoren oder Hauseingängen positioniert. Und was die Menstruation angeht, so nimmt man an, dass sie den ersten Menschen ähnlich den Gezeiten, an denen sie sich orientierten, als übernatürliches Mysterium galt. Darstellungen von blutenden Frauen finden sich in allen alten Kulturen – doch mit dem Patriarchat kam ihr Untergang.

Aus der Bibel lernen wir, dass Gott Eva für ihren Apfel-Fauxpas mit der Menstruation strafte, und Moses setzte noch einen drauf, indem er die menstruierende Frau als unrein bezeichnete. Also lieber nicht anfassen und auch nichts von dem, was sie berührt hat, nachher steckt man sich noch an mit dieser schlimmen Unreinheit! Und der römische Naturphilosoph Plinius fand, Menstruationsblut mache die Milch sauer, Pflanzen unfruchtbar, Bronze und Eisen rostig und überhaupt alles Schlimme auf der Welt.

Ein paar Tausend Jahre institutionalisierte Verachtung des weiblichen Genitals lassen sich nicht so schnell abschütteln. Als Resultat zahlten wir zum Beispiel bis Ende 2019 auf Binden, Tampons und Co. nicht den reduzierten Mehrwertsteuersatz für Dinge des Grundbedarfs von 7 Prozent (der unter anderem auch auf Trüffel und andere krass lebensnotwendige Dinge erhoben wird), sondern den vollen Satz von 19 Prozent. Das öffentliche Bewusstsein für diese Ungerechtigkeit begann erst durch eine 2018 gestartete Petition der Aktivistinnen Nanna-Josephine Roloff und Yasemin Kotra zu wachsen, später initiierte das Magazin *Neon* zusammen mit dem Unternehmen *einhorn* eine weitere Petition unter dem Motto #KeinLuxus[28]. Die Resonanz war schließlich derart überwältigend, dass die Bundesregierung eine Senkung zum 1. Januar 2020 beschloss.

Aber es geht voran. 2015 lief die damals sechsundzwanzigjährige Kiran Gandhi einen Marathon und gab einen Scheiß darauf, dass sie sich die Hose dabei vollblutete. 2017 wurde die Stockholmer U-Bahn mit Illustrationen der Künstlerin Liv Strömquist plakatiert, die unter anderem menstruierende Frauen zeigen. 2019 ritt Carolin Kebekus in einem Videoclip für ihre Rammstein-Persiflage »Viva la Menstruation« auf einem überdimensionierten Tampon durch die Gegend. Und als irgendwelche Dummchen auf Instagram die #pantychallenge ins Leben riefen, die nur für diejenigen als bestanden galt, deren Schlüpfer nach einem langen Tag nicht ein Tröpfchen Ausfluss zierte, rückte das Netz ihnen schnell die Köpfchen zurecht. Auch die Ärztinnen Nina Brochmann und Ellen Støkken Dahl schreiben: »Der Zweck von Ausfluss besteht darin, die Vagina sauber zu halten und unerwünschte Gäste wie Bakterien und Pilze samt abgestorbenen Zellen der Schleimhautoberfläche hinauszuspülen. [...] Kurzum: Ausfluss hält den Intimbereich gesund.«

28 In der Hardcover-Variante von *Sie hat Bock* gehen die Lorbeeren für diesen Verdienst fälschlicherweise allein an *einhorn* und *Neon*. Dafür möchte ich mich an dieser Stelle entschuldigen.

In Wirklichkeit brauchen wir den ganzen Kram, den man uns im Namen der Sauberkeit andrehen will, gar nicht. Denn das weibliche Geschlechtsorgan kommt mit seiner Reinigung sehr gut selbst zurecht. Dafür sorgt der völlig zu Unrecht als »eklig« und »krankhaft« verschriene vaginale Ausfluss, von dem ein halber bis ganzer Kaffeelöffel bei einer gesunden Frau täglich im Slip landet. Wie viel oder wenig das ist, ist individuell und genau wie die Konsistenz des Ausflusses auch vom Zyklus abhängig. Durch ihn werden einerseits Bakterien, Pilze und abgestorbene Schleimhautzellen aus der Vagina entsorgt und andererseits die Vermehrung von »bösen« Bakterien bekämpft. Denn die sich im Ausfluss befindlichen Laktobazillen, auch Milchsäurebakterien genannt, halten den pH-Wert im Intimbereich unter 4,5 und damit schön sauer, sodass Infektionen kaum eine Chance haben. Außerdem hält Ausfluss die Schleimhäute feucht, genauso wie Speichel es im Mund macht: Ohne wäre die Haut in Nullkommanix rissig und durch die so entstehenden Mikroverletzungen wesentlich anfälliger für Bakterien.

Was im Umkehrschluss bedeutet: Gibt es keinen Ausfluss, findet auch keine vaginale Selbstreinigung statt. Ein sauberes Höschen deutet also weniger auf die Reinlichkeit seiner Besitzerin hin als darauf, dass mit ihrer Vagina etwas ganz und gar nicht in Ordnung ist. Natürlich kann Ausfluss, der mit einem Mal in allen Regenbogenfarben schillert und unter Umständen sogar in der Nase zwickt, auf eine Krankheit hinweisen. Eine gesunde Vulva wird aber nie nach Fisch riechen (da können die Jungs aus der Schule so viel erzählen, wie sie wollen), sondern wegen der Milchsäurebakterien eher leicht säuerlich. Über den Tag kommen noch Schweiß und vielleicht ein paar Pipi-Tröpfchen dazu, was den Geruch natürlich intensiviert (und beim Penis übrigens genauso ist). Auch Menstruationsblut ist nicht geruchlos. Aber ebenso wie niemand ernsthaft das spezielle Odeur von Sperma anzweifelt, könnten wir uns (und dazu gleich alle anderen) mit dem weiblichen »Reproduktionsgeruch« ruhig mal aussöhnen.

Wenn man nun aber anfängt, gegen seinen natürlichen Geruch und den Ausfluss vorzugehen, kann das wirklich unangenehme Folgen haben. Duschgel beispielsweise trocknet durch seinen ungeeigneten pH-Wert schon normale Körperhaut oft aus; seine Wirkungen auf die Schleimhaut sind aber noch weit verheerender. Die Duftstoffe in Intim-Deos und Slipeinlagen reizen die empfindliche Schleimhaut, zusätzlich sorgt die nie so ganz luftdurchlässige Plastikfolie für ein feuchtes Klima – und damit für ein Paradies für Bakterien und Pilze zwischen den Beinen. Was die Vaginalduschen angeht, die manche Frauen dafür benutzen, Ausfluss aus sich herauszuspülen, hat man herausgefunden: Je öfter die Dusche benutzt wird, desto größer das Risiko, eine bakterielle Vaginose zu bekommen. Und eine Studie des US-amerikanischen *National Institute of Environmental Health Sciences* stellt sogar einen Zusammenhang zwischen Vaginalduschen und einem erhöhten Risiko, an Eierstockkrebs zu erkranken, her. Von sich aus würde Wasser nämlich nie in die Vagina gelangen, es sei denn, wir injizieren es uns oder wir lassen es beim tamponierten Schwimmen wie durch einen Docht ins Körperinnere hochsteigen (saugute Idee vom Tamponhersteller *ob*, mit diesem gesundheitlichen No-Go Werbung zu machen). Mit seinem pH-Wert von 7 und aufwärts nämlich kippt das Wasser die ursprünglich saure Vaginalflora in Richtung alkalisch und peng!, machen die Bakterien, was sie wollen. Das heißt natürlich nicht, dass jede Frau von einem Mal Spülen oder mit Tampon schwimmen gehen gleich krank wird – aber wer es gut mit seiner Vagina meint, hält Wasser besser aus ihr raus.

Für die Vulva ist Wasser hingegen super. Genau genommen ist warmes Wasser das Einzige, das sie als Hygienemaßnahme braucht. Manche Gynäkolog*innen empfehlen, zusätzlich hin und wieder (aber nicht täglich) eine pH-neutrale Seife ohne Duftstoffe oder eine Intimwaschlotion zu verwenden, aber auch das muss nicht sein. Wer untenrum gesund bleiben will, sollte von allem anderen bloß die Finger lassen – auch wenn's angesichts all der omnipräsenten »Das weibliche Genital ist so schrecklich schmutzig«-Propaganda schwerfällt. Denn genau die Industrie, die mit der Angst von Frauen, nicht »frisch«, »sauber« oder »wohlriechend« genug zu sein, Kohle scheffelt, macht groteskerweise vor allem eins: dafür sorgen, dass Frauen tatsächlich nicht mehr frisch, sauber und wohlriechend sind.

Auch das weibliche »Spritzen« löste lange Zeit Befremden aus – bei Frauen wie Männern. Bis zum 17. Jahrhundert in der Literatur noch ausführlich beschrieben, war die Ejakulation der Frau danach bis in die 1970er-Jahre wie ausgelöscht. Flüssigkeiten während des Geschlechtsverkehrs abzusondern galt eindeutig als Männersache. Dass etwa die Hälfte aller Frauen regelmäßig ejakulieren beziehungsweise dazu in der Lage sind, tat da nichts zur Sache. Zumal sich die betroffenen Damen auch gerne mal den Orgasmus verkniffen aus Angst, ihren Liebsten oder sein Laken zu besudeln und am Ende als inkontinent zu gelten.

Und so sind sich Forscher*innen auch bis heute noch nicht einig, wo die Ejakulationsflüssigkeit denn nun herkommt (Blase oder Paraurethraldrüse[29]), woraus sie besteht und ob es gar unterschiedliche Versionen von ihr gibt – das Zeug, das während der Erregung abgesondert wird, und welches, das beim Orgasmus fließt oder eben spritzt. Die einen sagen: »Es ist Puller!«, die anderen sagen: »Auf keinen Fall, es ist so was Ähnliches wie die männliche Prostataflüssigkeit!«, und wieder andere meinen: »Erst das eine, dann das andere!«

Und dann gab es doch noch eine Art Rehabilitation: Durch den Hype in Pornos ist »Squirting« in den letzten Jahren schon fast salonfähig geworden.[30] Egal, dass es im Film in den meisten Fällen fin-

29 Die wird auch als »weibliche Prostata« bezeichnet. Ihre Ausgänge befinden sich im Endabschnitt der Harnröhre und dann noch mal rechts und links außerhalb von ihr.

30 Außer in Großbritannien jedenfalls. Da ist Spritzen in Pornos tatsächlich verboten, weil hochgradig obszön. Kein Witz!

giert ist – eine spritzende Frau kann was. »Immer schön up to date bleiben«, sagte ich mir also vor ein paar Jahren, legte mir ein flauschiges Handtuch unter den Hintern und fing an zu üben. Die Anleitung dazu hatte ich aus einem Buch: Emsig die G-Fläche massieren, bis ein »Gleich pullere ich ein«-Gefühl kommt. Und an dieser Stelle: Finger raus und drücken! Genau so, als würde man sich mit voller Absicht in die Hose machen. Nach einer halben Stunde sprudelte mir tatsächlich ein beachtliches Rinnsal die Beine runter. So ganz sicher, ob ich nicht einfach in mein Bett gemacht hatte, war ich in dem Augenblick dann aber auch nicht. Und selbst wenn nicht: War der Aufwand nicht auch irgendwie unverhältnismäßig im Vergleich zum Ergebnis? Und wen wollte ich eigentlich beeindrucken? Und so verließ ich die Squirting-Schule nach nur einem einzigen Besuch. Worüber ich kein bisschen traurig bin, denn feucht genug werde ich auch ohne all das krampfige Rumgedrücke. Und ganz manchmal, da mache ich im Eifer des Gefechts ganz von allein das Laken nass. Womit genau, ist in dem Augenblick dann allen Beteiligten auch komplett wumpe. Hauptsache Spaß!

Doch eins bringt mich immer noch zum Lachen: Wenn es mal wieder feuchter wird beim Orgasmus oder kurz davor, dann wissen die meisten Menschen heute Bescheid, was los ist. Porno sei Dank.

Und echt, wer hätte ernsthaft gedacht, dass Wichsfilmchen auch tatsächlich mal zu irgendetwas gut sein würden?

Halb Mensch, halb Tier

Schamhaare sind besser als ihr Ruf.

Als die ersten Haare meines Venushügels sprossen, galt ihnen mein ganzer Stolz. Schließlich waren sie, zusammen mit meiner Periode, der Beweis dafür, dass ich kein Kind mehr war, sondern immer mehr zur Frau wurde. Und wenn man's mir erlaubt hätte, dann hätte ich mich allein deswegen schon auf ein Siegertreppchen gestellt und mich mit Champagner übergossen.

Doch die Menschen um mich herum wollten nicht so recht mitfeiern. Da war zum Beispiel meine Freundin Nora, die das Härchen, das zaghaft an der Seite meiner Bikini-Hose rauslugte, mit hochgezogenen Augenbrauen quittierte. »Da musst du aber mal mit der Pinzette ran«, fand sie. Sie wollte mich damit nicht ärgern. Es war eher ein wohlwollender Hinweis, genauso wie man jemanden auf die Petersilie zwischen seinen Zähnen hinweist: Gehört da halt nicht hin.

Oder der Typ, der mir bei einer Party-Knutscherei die Hand in die Hose steckte: »Du bist ja gar nicht rasiert«, raunte er. »Warum denn nicht?« Ich wusste darauf wirklich keine Antwort. Dass man sich die Schamhaare auch rasieren konnte, war mir zu dem Zeitpunkt schlicht nicht in den Sinn gekommen.

Oder als ich nach dem gemeinsamen Porno-Gucken mit meiner ersten großen Liebe fragte, wie er wohl einen »Landing Strip« finden würde. »Super«, sagte er. »Ich habe mich schon die ganze Zeit gefragt, wann du das mal machen würdest. Dann macht oral auch viel mehr Spaß.«

Wenn man's ihm oft genug sagt, begreift auch der dämlichste Volltrottel irgendwann, was Phase ist. Also sorgte ich in den nächsten zwanzig Jahren beflissen für die Gesellschaftstauglichkeit meiner Vulva. Meistens machte ich mit meinem Rasierer den kompletten Kahlschlag, das erschien mir am Einfachsten. Wenn ich einen Tag später meinen Intimbereich berührte, war das ungefähr so sexy wie über die Zähne einer Säge zu streichen. Nicht mal nachrasieren ging. Ließ ich nicht mindestens ein paar Tage verstreichen, sah die Haut nach einer Wiederholungstat aus, als hätte sie jemand durch den Fleischwolf gedreht. Um das zu umgehen, versuchte ich es einige Male sogar mit Waxing. Das tat zwar auch weh, sah aber immerhin eine volle Woche lang gut aus. Die nächsten drei Wochen hieß es: Warten, und zwar mit Gestrüpp. Also theoretisch zumindest. Nachwaxen ging nämlich erst ab einer Länge von einem halben Zentimeter. Aber wer zum Henker hielt das aus mit all den Haaren zwischen den Beinen? Wenn ein Date anstand, musste schließlich alles glatt sein. Also schwang ich wieder den Rasierer, und der Spaß ging von vorn los. Wir wollen jetzt nicht über all das Geld sprechen, das mich Waxing, Rasierer und Schaum gekostet haben. Auch nicht über all die Zeit, die ich mit Kopf nach unten hockend in der Badewanne verbrachte. Aber vielleicht über meine arme, arme Vulva. Ihre Haare wuchsen ein. Rasur-Pickel blühten. Heftigster Juckreiz ließ mich die Schenkel aneinanderreiben. Und trotzdem verfluchte ich nicht die Menschen, die mir einredeten, wie ich untenrum auszusehen habe. Sondern meine von Natur aus empfindliche Haut, die einfach nicht mitmachen wollte.

Da hatte ich schon lange vergessen, dass ich meine Schamhaare mal für ein Zeichen meiner Weiblichkeit gehalten hatte. Sie waren nur noch eins: unzumutbar.

Damit bewegte ich mich endlich im Gleichschritt mit der Mehrheit. Immerhin enthaaren laut Umfragen 67 Prozent aller Frauen ihren Intimbereich – und je jünger sie sind, desto haarfreier werden sie.

Begründet wird die Genitalfrise mit verbesserter Hygiene und eigenen Schönheitsidealen. Platz drei und vier nehmen das Gefühl von Selbstsicherheit und besserer Sex ein. All das sind augenscheinlich großartige Argumente. Vielleicht sollten wir sie uns aber doch etwas genauer ansehen.

Klar, eine enthaarte Vulva kann durchaus für mehr Selbstsicherheit sorgen. Denn sieht man so aus wie alle anderen (und wie sie es von einem erwarten), hat man das gute Gefühl, nichts falsch gemacht zu haben. Dass sich dieses Gefühl aber aus dem Erfüllen fremder Erwartungen speist, verpasst ihm leider einen bitteren Beigeschmack. Ähnlich verhält es sich mit dem angeblich besseren Aussehen haarfreier Genitalien. Denn was wir als schön empfinden, ist immer Sozialisierungssache. Die Körper-Bilder, die uns umgeben, prägen unsere Vorstellungen von Attraktivität. Und seit im omnipräsenten Mainstream-Porno alle unten ohne verkehren, wird dieser Look nicht mehr nur als erstrebenswertes Ideal, sondern sogar als Norm empfunden.

Und was bessere Hygiene und schönere Bettspielchen angeht, liegen die Enthaarungs-Fans schon mal komplett daneben. Denn wenn das ultra-saugfähige Schamhaar nicht mehr da ist, um Schweiß zu absorbieren, können sich Bakterien und Pilze völlig ungehindert vermehren, und Schmutz wird auch nicht mehr aus der Vagina rausgehalten. Außerdem wirken die bei Rasur, Waxing und Epilation entstehenden Mikroverletzungen äußerst anziehend auf Geschlechtskrankheiten. Obendrauf geht die vollständige sexuelle Sensitivität mit dem Haar flöten: Wird nämlich unser Schamhaar gestreichelt, sendet es Signale an die sich unter der Haut befindlichen Follikel, und die wiederum sagen dem Nervensystem Bescheid, dass da grade was Tolles abgeht. Und zum Objekt unserer Begierde kann das nicht vorhandene Schamhaar dann auch nicht mehr sprechen: Wäre es noch da, würde es nach Sexuallockstoffen duften und damit (potenzielle) Liebhaber*innen heiß auf uns machen.

Es gibt aber auch noch andere Gründe für die intime Enthaarung. Gründe, die in keiner Umfrage vorkommen werden. Und die liegen vor allem in der gesellschaftlichen Wertung von männlicher und weiblicher Sexualität. Denn während beim rasierten Mann das Geschlecht in den Vordergrund rückt und er durch seine bloßgelegte Größe noch männlicher wirkt, geschieht mit der haarlosen Frau das genaue Gegenteil: Statt potenter zu wirken, sieht sie nun aus wie ein präpubertäres Mädchen. In der Forschung nennt man diese Theorie »Infantilisierungsansatz«. So schreibt Sandra Konrad: »Man kann die Intimrasur als Ausdruck und Unterstützung patriarchaler Sexualität begreifen, denn das unbehaarte weibliche Genital signalisiert kindliche Reinheit, sexuelle Unreife und Ungefährlichkeit und stärkt somit das Überlegenheitsgefühl des Mannes.« Zusätzlich verhelfe das kindliche Geschlecht der Frau zu einer Art sexuellem Schonraum – denn wer klein und schutzlos ist, müsse entsprechend gut behandelt werden.

Eine andere Lesart hingegen wäre, in der exponierten Vulva so etwas wie einen Befreiungsschlag zu sehen: Das »unsichtbare« Geschlecht bleibt so nicht länger im Verborgenen, sondern präsentiert sich nackt und frei. Sich mit seinem Körper zu beschäftigen, ihn herzuzeigen, statt ihn zu verhüllen, kann in der Tat etwas Revolutionäres haben – denken wir nur an die Anfänge von Bikini oder Minirock oder an die Zeiten, als »anständige« Frauen sich noch nicht schminken sollten. Allzu oft aber kippt diese demonstrative Selbstbestimmung in ein Anpassungsbedürfnis. Denn sobald ursprünglich revolutionäre Dinge wie Bikini, Mini oder eben die nackte Vulva zum Mainstream werden, übernehmen viele Frauen sie unreflektiert als Norm. Weil sie nicht auffallen, sondern gefallen wollen.

Zum Glück aber lässt das mit dem Gefallen-Wollen mit zunehmendem Alter nach. Und so habe ich inzwischen den zweiten haarigen Sommer meines Erwachsenenlebens hinter mich gebracht. Ich hatte schlicht keinen Bock mehr, mich untenrum zu einem Mädchen zu machen, das ich nicht bin. Auf den Busch zwischen meinen Beinen folgten rasch zwei unter den Armen, dann ließ ich irgendwann auch meine Beine in Ruhe.

Eines Tages, als meine Beinhaare ihre volle Länge erreicht hatten, stieg ich morgens unter den Blicken meiner siebenjährigen Tochter aus der Dusche. »Mama«, sagte sie anerkennend, »du hast ja Beine wie ein Mann!« Damit meinte sie nicht meine Statur, die geht noch als halbwegs weiblich durch. Aber dass auch Frauen Haare an den Beinen wachsen, war dem Kind bis zu diesem Augenblick nicht bekannt gewesen. Es hatte offenbar noch nie in seinem Leben einen weiblichen Unterschenkel gesehen, der nicht pflichtgemäß glattrasiert gewesen wäre. Nicht mal bei den nur selten in freier Wildbahn anzutreffenden Frauen, die sich, wie man so schön sagt, »gehen lassen«. Niemals. Nie.

Ich liebe es, solche Erwartung zu brechen. Wenn Typen mich im Fitnessstudio anglotzen, weil ich diese engen Sportklamotten trage, dann nehme ich nur allzu gern die Arme über den Kopf, um mich zu dehnen. Oder wenn ich im Schwimmbad aus dem Becken steige und die Blicke der Umstehenden spüre. Oberkörper okay, Körpermitte okay, Beine … OMG! Die Gesichter dieser Leute bringen mehr Spaß als alle Staffeln *Breaking Bad* zusammengenommen.

Selbst meine Befürchtung, potenzielle Sexpartner durch Behaarung zu verprellen, hat sich nicht bewahrheitet. »Wie ist das für dich, mit so einer haarigen Frau zu schlafen?«, fragte ich einen neuen Geliebten, als das Fell noch frisch war. »Ich habe mich auch gefragt, wie es sein würde, du bist schließlich die erste«, antwortete er. »Aber am Ende macht das keinen Unterschied. Es ist mir total egal.«

Die Typen, die ich will, wollen mich nach wie vor ebenfalls. Das mag zwar einerseits daran liegen, dass ich mir nur selten einen von diesen Idioten aussuche, denen durchgenormte Körper alles sind. Andererseits fühle ich mich auch einfach unwiderstehlich, seit ich alles sprießen lasse. Da ist kein Rumgedruckse mehr, ob vielleicht was piekt oder pickelt, ob es gut aussieht oder nicht. »Hier bin ich«, schreit mein Körper, halb Mensch halb Tier, »friss oder stirb.« Das Animalische bekommt mir gut, in jeder Hinsicht. Die Menschen spüren das, und sie bekommen Lust darauf. Sie wollen Teil davon sein, selbst wenn ihre eigenen Säcke nach wie vor rasiert bleiben.

Doch zugegeben, in meinem Alltag ist es noch leicht, #januhairy[31] das ganze Jahr über durchzuziehen. Kindergarten, Bürogemeinschaft, Freund*innenkreis, Lesungen, FKK-Strand an der Ostsee – Aussehen interessiert hier nur peripher. Schwierig wird es erst, wenn ich mich in Milieus bewege, in denen Status und Geld eine Rolle spielen. Nirgendwo sonst wird von Frauen mehr Gefälligkeit erwartet, nirgendwo sonst schert man mehr aus, wenn man bestimmte Codes nicht befolgt. Es fällt auf, erscheint man als Frau nicht rasiert, frisiert und zugekleistert in einem guten Restaurant, bei einer Filmpremiere[32] oder auf einer dieser Penthouse-Partys.

Im Sommer mache ich mit meiner Familie wieder Urlaub in einem dieser Hotels, die wir uns nur leisten können, weil mein Mann beruflich mit ihnen zu tun hat. Ich bin gern da, weil dort einfach alles stimmt. Alles – bis auf die Tatsache, dass jede einzelne Frau, sogar die fünffachen Mütter und fünfzigjährigen Witwen, dort so aussehen wie Heidi Klum in ihren besten Jahren. Tagsüber findet man sie cellulitefrei und in winzigen Bikinis, aus denen selbstverständlich kein Haar herauslugt, am Pool. Abends tragen sie Cocktailkleider und Zehn-Zentimeter-Absätze.

Das setzte mich schon unter Druck, als ich Körperrasur und Makeup noch für weibliche Pflichtübungen hielt. Jetzt aber, wo ich meine Koffer packe, befürchte ich, dort womöglich in einen Käfig gesperrt und als Kuriosität neben dem Buffet ausgestellt zu werden. Mein eigener extra-knapper Bikini ist aber auf jeden Fall schon eingepackt. Der, bei dem rechts und links die Wolle rausquillt.

31 Instagram-Kampagne aus dem Jahr 2018, die Frauen dazu aufforderte, sich den ganzen Januar über nicht zu enthaaren.

32 Davon kann Alicia Keys ganze Lieder singen.

Mal sehen, ob mich jemand drauf anspricht. Ich würde mich freuen wie verrückt! So wie letztens, als ich meine nackten, haarigen Schenkel beim Fernsehabend auf dem Couchtisch meines kleinen Bruders drappierte. Seinem erschrockenen Blick folgte eine leidenschaftliche Ansprache: »Katja, ich verstehe dich nicht. Ich meine, du könntest echt eine 10/10 sein, wenn du dich rasieren würdest. *Warum machst du das nicht einfach?*« – »Kein Bock drauf«, entgegnete ich. Weil ich mich auch *mit* Haaren außerordentlich nett finde (eigentlich sogar netter als ohne). Weil ich meine wertvolle Zeit nicht mit Rasieren verplempern will. Und weil – vielleicht das wichtigste Argument – für irgendwelche random Typen eine 10/10 zu sein nichts ist, worauf ich Wert legen würde. »Klingt schlüssig«, fand dann auch mein Bruder.

Wär doch schön für all die Menschen in dem schönen Hotel, die sich selbst mit Sport und LowCarb und Waxing und Fillern und OPs auf den Sack gehen, zu merken, dass es halt auch anders geht. Und zwar ganz, ganz einfach.

Mini-Mumus sind was für Mädchen

Alle anderen können ruhig mal erwachsen werden.

Ich war dreizehn, als mir meine Freundin Nora flüsternd anvertraute, dass ihr Kitzler neuerdings aus den äußeren Schamlippen hervorgucken würde. Es war Schlafenszeit, und wir lagen zu zweit in ihrem Bett. Mein Vater hasste so etwas, schließlich konnte, dank körperlicher Nähe, aus Freundschaft Fummeln und aus Fummeln Lesbentum werden, aber er hatte sich geschlagen geben müssen. Gegen den unter deutschen Kindern herrschenden Gruppenzwang zur Übernachtung kam er einfach nicht an. Wir hatten sowieso Besseres zu tun, als an einander rumzufummeln. Oder jedenfalls Nora. Die war nämlich so sehr mit ihrem Klitoriskopf beschäftigt, dass meiner höchstens als Referenz taugte. »Ist das bei dir auch so?«, flüsterte sie zu mir rüber. Ein Glück, dass es Nacht und damit dunkel war. Solche Dinge besprach man schließlich nicht im Hellen.

Ich war überrascht. Natürlich wusste ich, wie meine Vulva aussieht. Nicht durch einen Spiegel – das einzige lebensgroße Exemplar davon gehörte zum Kleiderschrank meiner Eltern, und in deren Schlafzimmer hätte ich garantiert nie nackt posiert. Hin und wieder aber guckte ich im Bad schon mal da runter, um zu checken, was das Haarwachstum so macht. Doch über die Frage, ob das, was ich da sah, irgendwie unnormal sein könnte, hatte ich mir bis zu diesem Moment null Gedanken gemacht. Meine Scheide (so nannte ich das gute Stück damals noch) war halt, wie sie war. Also zuckte ich mit den Schultern und sagte: »Nö, der Kitzler nicht, aber etwas von den inneren Lippen, das hängt da so raus.« Nora war damit zunächst beruhigt, sie war schließlich nicht allein. Ich hingegen dachte anschließend zum ersten Mal darüber nach, dass etwas aus den Schamlippen Hervorlugendes tatsächlich *zu groß* sein und Anlass zu Selbstzweifeln bieten konnte.

Wie ich später erfuhr, ging es den Jungs in dieser Hinsicht nicht viel besser. Nur, dass sie eher gegenteilige Sorgen hatten: Während wir befürchteten, womöglich ein *zu großes* Geschlecht zu haben, fragten sich viele von ihnen, ob ihres womöglich *zu klein* sei.

Sich körperlich nicht ganz richtig zu fühlen ist zwar ein weit verbreiteter Fluch der Pubertät – aber was die Größe unserer Genitalien angeht, hält er sich bei vielen bis ins Erwachsenenleben hinein.

Während operative Penisverlängerungen nicht besonders Erfolg versprechend sind und daher auch nicht so häufig durchgeführt werden, erfährt das chirurgische Beschnippeln von weiblichen Geschlechtsorganen in den letzten Jahren einen regelrechten Boom. Zwar ist es kaum möglich, verlässliche Zahlen zu bekommen, wie viele Frauen sich tatsächlich unters Messer legen – der Trend aber geht in jeder Statistik klar nach oben. Laut der *International Society of Plastic Surgery* wurden im Jahr 2017 weltweit mehr als 200 000 intimchirurgische Operationen an Frauen durchgeführt, davon über 8000 in Deutschland. Im Vergleich zum Vorjahr verzeichnet die Gesellschaft eine Steigerung um 22 Prozent. Frauen, die ähnliche Eingriffe von Gynäkolog*innen oder Dermatolog*innen durchführen ließen, sind in dieser Statistik aber nicht erfasst, was bedeutet: Es waren noch mehr.

Ob Kürzung der inneren Vulvalippen, Aufspritzen der äußeren, Verengung der Vagina und was weiß ich noch alles – die Ärzt*innen können eine Menge dafür tun, damit unser Geschlecht möglichst *klein* wird. Und wir selbst können auch einiges tun, um der Untenrum-Schönheitnorm zu genügen: Mit Bleichcreme kriegen wir selbst zwischen den Beinen einen rosigen Teint, und Haare haben da schon lange nichts mehr zu suchen. Glatt, prall und verschlossen, so sieht das heutige Idealbild des weiblichen Genitals aus. Manche sagen: wie ein Brötchen. Andere sagen: wie das Geschlecht eines kleinen Mädchens.

Früher, und ich meine ganz, ganz früher, sah dieses Ideal noch völlig anders aus. Die 35 000 Jahre alte Figur Venus vom Hohlefels, eine der ältesten figurativen Darstellungen des menschlichen Körpers, hat nicht nur richtig dicke Brüste, sondern auch stattliche Vulvalippen. Weibliche Figuren mit überdimensionierten und teils weit aufgespreizten Vulven gab es bis weit ins Mittelalter hinein. Groß und fruchtbar war damals gut. Klein und eng ist es heute.

Nora wusste das schon mit dreizehn. Ich aber kapierte die Tragweite dieser Nummer erst, als ich mit meinem ersten Kind schwanger wurde. Die Zeit mit ihm unter meinem Herzen verlebte ich in völliger Euphorie angesichts der Dinge, die da aus mir rauskommen sollten. Bis ein Freund, der kürzlich selbst Vater geworden war, auf einem Spaziergang ein ernstes Wörtchen mit mir über die zu erwartenden Veränderungen redete: »Dass du deinen alten Körper zurückbekommst, eine totale Illusion. Die Brüste werden nie wieder so fest wie früher, und untenrum bist du dann auch nicht mehr so eng.«

Ich blieb stumm wie ein Kugelfisch, obwohl in mir ein ganzes Meer tobte. Warum war er so enttäuscht über all das, was dem Körper seiner Freundin widerfahren war? Ihre Brüste hingen ja wohl kaum bis zum Bauchnabel, und zwischen ihren Beinen klaffte mit Sicherheit kein Loch von der Größe eines Fußballstadions. Sie hatte halt ein Kind durch ihre Vagina gepresst, meine Güte. Klar war sie nicht mehr so eng wie vorher. Nun aber fragte ich mich ernsthaft: War ich zu unbedarft an die Sache rangegangen? Würde mein Freund in Kürze auch so von mir sprechen? Würde ich ihm bald zu weit, *zu ausgeleiert* sein?

»Für befriedigenden Sex muss die Vagina einer Frau möglichst eng sein«, das sagt immerhin fast die Hälfte der Männer und ein Drittel der Frauen in einer YouGov-Umfrage. Umgekehrt finden aber nur etwa ein Viertel aller Männer und Frauen, dass ein Penis zu diesem Zweck möglichst groß sein sollte.

Wenn es also zu wenig Reibung zwischen den Geschlechtern gibt, verorten mehr Menschen das Problem bei der Frau als beim Mann. Und tatsächlich: Mir ist noch nie eine Frau untergekommen, die eine geringe Penisgröße als wirklich problematisch erachtet hätte. Im Gegenzug aber kennen wir alle diese netten kleinen Spitzen über ausgeleierte Vaginen – übrigens vor allem im Kontext mit der Anzahl der Sexualpartner, die besagte Frauen angeblich gehabt hätten. Und im Porno weichen die Typen auf der Suche nach einem möglichst engen Loch eh gern auf den Hintern aus.

Dabei ist die Idee, eine Vagina würde von zu viel Sex zum berühmten Senfglas mutieren, in dem der Penis sich wie ein Würstchen verhält (ich sage nur »Lost-Penis-Syndrom«), völliger Blödsinn. Ganz im Gegenteil: Sex und die dazugehörigen Orgasmen trainieren die Beckenbodenmuskulatur, sodass die Vagina der überaktiven Uschi im Zweifel sogar enger ist als die der keuschen Kira.

Letztendlich sind es nämlich die Beckenbodenmuskeln, die zusammen mit dem individuellen Körperbau über Enge und Weite bestimmten. Ist man ohnehin schmal gebaut und sind die Muskeln fit, fühlt sich die Vagina enger an, als wenn man von Natur aus etwas weiter ist und die Muskeln außerdem erschlafft sind – was im Übrigen völlig normal ist, wenn eine Frau ein Kind zur Welt gebracht hat. Denn wenn die Muskeln sich nicht weiten würden, bliebe die Fracht auf halbem Wege stecken. Deswegen verordnet einem schließlich selbst die knauserigste Krankenkasse postnatale Rückbildungsgymnastik. Aber nicht, damit sich alles wieder schön jungfräulich anfühlt, sondern aus medizinischen Gründen. Denn ein geschwächter Beckenboden lässt nicht nur oft die Blase tröpfeln, sondern hält auch irgendwann die inneren Organe nicht mehr an ihrem Platz. Ganz genauso eng wie früher bekommt man seine Vagina aber in den seltensten Fällen wieder trainiert, denn das

Becken weitet sich naturgemäß nun mal mit. So riesig, dass man gleich einen Wunschkaiserschnitt bestellen sollte, ist der Unterschied von vorher zu nachher aber auch nicht.

Weil es aber offensichtlich bestimmte Kriterien gibt, die eine »gute« Vagina auch nach der Geburt vielleicht erfüllen muss, haben sich Mediziner*innen ein paar Tricks ausgedacht.

Da gibt es zum Beispiel den sogenannten »Husband-Stitch«: reißt das Dammgewebe einer Frau bei der Geburt ein oder wird es eingeschnitten, muss es hinterher wieder vernäht werden. Herren, die es besonders gut mit dem Gatten meinen, machen dann gern ein, zwei Stiche mehr, als medizinisch notwendig wäre, damit der Vaginaleingang sich wieder schön eng anfühlt. Was erstens völliger Quatsch ist, weil die Vagina insgesamt davon ja nicht enger wird. Und zweitens ein körperlicher Übergriff, bei dem die betroffene Frau in den allermeisten Fällen nicht mal gefragt wird, ob sie das überhaupt will – ganz zu schweigen von den Folgen (wie Schmerzen beim Sex beispielsweise). Wie oft Papa tatsächlich dieses »Geschenk« gemacht bekommt, ist bislang nicht dokumentiert. Betroffene Frauen erzählen aber immer wieder davon.

Andere Möglichkeiten, (wieder) schön straff zu werden, bietet die plastische Chirurgie. Hyaluron zum Beispiel kann man nicht nur fürs Gesicht benutzen. In die Vaginalwände gespritzt, polstert es auch hier auf, was das Zeug hält. Das allerdings muss regelmäßig wiederholt werden. Wer hingegen einen bleibenden Effekt will, bucht gleich die operative Vaginalstraffung (oder -verjüngung). Sicher, es gibt medizinische Indikationen für solche Operationen. Wenn sich Gebärmutter oder Blase gesenkt haben, zum Beispiel. Bei Operationen aus »ästhetischen« Gründen hingegen geht es ganz klar darum, dass der Partner beim Sex mehr spürt – auch wenn Frauen solche Entscheidungen (auch sich selbst gegenüber) gern als freiwillige verkaufen. *Sie* sind zu weit, also müssen sie das Problem auch lösen. Aber warum eigentlich?

Klar, so eine steinzeitliche Genital-Verehrung wäre irgendwie auch drüber. Schließlich wissen wir inzwischen ganz gut Bescheid, wie das mit den Babys funktioniert, und der Fortbestand der Menschheit steht auch schon lange nicht mehr auf Platz eins der Gründe, warum wir Sex haben. Überhaupt geht der Körper-Trend in Richtung Jugendlichkeit, das betrifft nicht nur Vulven und Vaginen. Aber sie betrifft es mit der Idee von der idealen Mädchen-Möse eben auf ganz besonders absurde Weise. In der Konsequenz gehen sogar junge, kinderlose Frauen los und kaufen sich Liebeskugeln in der Drogerie, um noch enger zu werden, als sie bereits sind. Hahahahah.

Man muss nicht um die Ecke denken, um zu erkennen, dass die Reduktion des primären Sexualorgans auf etwas Kleines, Kindliches oder gar eine Leerstelle genau das ist: eine Reduktion, und zwar der weiblichen Sexualität als solcher. Sie ist das Gegenteil von Selbstermächtigung, das Gegenteil von Selbstbestimmung, das Gegenteil von Freiheit. Dass die Frau Bock hat, und zwar so richtig, und sich nimmt, was sie will, ist in unserer Vorstellung von Sex nämlich nicht vorgesehen. Genau das zeigt uns auch der Mainstream-Porno: Die Frau ist passiv oder dem Mann zu Diensten, selbstverständlich mit einer sehr kleinen Vulva, während sein Schwanz natürlich eine exorbitante Größe aufweist. *Seine* Sexualität ist eine aktive, dominante, raumgreifende, während *ihre*, nun ja, aus Löchern besteht, die hingehalten werden, um gestopft zu werden. Ich weiß, Porno ist nicht das wahre Leben (Gott sei Dank!). Und doch werden in ihm wie unter einem Brennglas unsere Vorstellungen von Sexualität deutlicher sichtbar als anderswo.

Riesen-Penisse und Mini-Vulven sind nicht nur Schönheitsideale. Sie stehen auch für den Raum, den wir in der öffentlichen Wahrnehmung mit unserer Lust einnehmen dürfen: Männer viel, Frauen wenig.

Dabei ist beides, sowohl unser Aussehen als auch unsere Sexualität, eine höchst individuelle Angelegenheit, die keinerlei Normierung bedarf. Vulven und Vaginen sind von Natur aus eben sehr, sehr unterschiedlich: Sie sind enger, sie sind weiter. Sie haben riesige innere Vulvalippen und winzige, von denen nichts zu sehen ist. Kitzler, die wie eine kleine Eichel aussehen, und solche, die kaum zu finden sind. Helle Haut, dunkle Haut, viel oder wenig Haare. Und letzten Endes ist das alles überhaupt nicht wichtig. Weil es für all die großartigen Gefühle, die sie uns bescheren können, absolut unerheblich ist, wie sie beschaffen sind.

Und wenn wir schon mal dabei sind: Guter Sex besteht nicht nur aus Bumsen. Da gibt es daneben doch immer noch Saugen und Lecken und Blasen und Streicheln und weiß der Teufel was alles noch. Intensive Gefühle bei der Penetration durch einen Penis sind schön und gut, aber sie sind nicht das Alpha und das Omega einer erfüllten Sexualität. Sonst würde lesbischen Frauen eindeutig etwas fehlen – doch ganz im Gegenteil haben die laut Umfragen sogar mehr Orgasmen als ihre Hetero-Geschlechtsgenossinnen.

Und letztendlich sind gegenseitige Anziehung und Geilheit sowieso das Wichtigste für eine gelungene Kopulation. Da kann man noch so einen kleinen Penis und noch so eine große Vagina haben: Wenn's passt, dann passt's halt.

Altersweisheiten

Je mehr Falten, desto besser der Sex.

Manchmal trifft man sie am Ende doch noch wieder, die unerfüllten Jugendlieben. Unvorbereitet meist, mit Pickel am inzwischen doppelten Kinn und einer löchrigen Jogginghose an den Beinen. Marc aber hatte mir freundlicherweise eine E-Mail geschrieben, statt mir beim Kippenholen über den Weg zu laufen, dreizehn Jahre nachdem es vorbei gewesen war. Da sei ja wohl noch ein Drink offen, fand er, und ich fand das auch.

Den nahmen wir wenige Tage später zu uns, mittags, und nein, es war am Ende nicht nur einer. Natürlich schliefen wir miteinander, und natürlich erzählte er mir von den Frauen, die er sonst so flachlegte. Gern Asiatinnen, die mochte er schon damals, was meine Gedärme immer mit Eifersucht durchzogen hatte. Denn eine Asiatin, das war ja klar, würde ich ihm niemals sein können. Auch sonst, fuhr er fort, seien seine Eroberungen ausnahmslos tiny, und ich die erste Mutter, die sein Schwanz je gesehen hat. Ein wenig um der alten Zeiten willen.

»Und wie ist das für dich?«, fragte ich. Nicht, weil ich scharf auf Komplimente gewesen wäre, sondern aus aufrichtigem Interesse. »Echt okay«, antwortete er. »Ich schaue einfach in dein schönes Gesicht, den Rest kann ich ausblenden.« Mann, was habe ich gelacht. Ich war nicht einmal beleidigt. Höchstens ein bisschen fassungslos, dass ich tatsächlich grade mit einem Kerl Geschlechtsverkehr gehabt hatte, der irgendetwas an mir »ausblenden« musste.

Mein Körper ist nicht mehr der einer Neunzehnjährigen, das ist wahr. Er hat drei Kinder ausgetragen, aus sich rausgequetscht und gestillt, er hat viel zu wenig Schlaf bekommen und seitdem allerhöchstens paar Mal Fitnessstudio. Er ist weich, er ist ausgeleiert, er hat Fett an Stellen, wo nie welches war, er hat Dehnungsstreifen und neuerdings hat er auch Falten.

Und doch ist genau das der Körper, mit dem ich den Sex meines Lebens habe – und nicht der von damals, als ich noch jung und zierlich in winzigen Lederminis durch die Clubs tanzte. Es ist geradezu ironisch, dass ich mich umso wohler in meiner Hülle fühle, je mehr sie verfällt. Ich weiß, eigentlich sollte ich Angst vor dem Alter haben. Es wegfärben, kaschieren, verstecken und mich ganz schrecklich dafür schämen, dass »knackig« kein Attribut für mich mehr ist. Hier wäre *die* Bühne für all meine lang gehegten Komplexe, für all meine Angst, nicht zu bestehen. Aber die sind wohl zusammen mit dem Ledermini in der Altkleidersammlung gelandet.

Ich habe aufgehört, daran zu denken, wie ich beim Sex wohl aussehe, ob ich die passenden Laute mache oder die richtigen Bewegungen. Klar, ich hab die Horizontalpolka jetzt einfach schon so oft und mit so vielen Menschen getanzt, dass ich weiß, wie die Nummer läuft. Vor allem aber bin ich okay mit mir selbst. Und das ist die Hauptsache. Ich achte darauf, was mein Körper will und was nicht. Er kann jedes Anfassen in Stromschläge verwandeln und jeden Kuss in einen Abgrund ohne Rettung. Er lässt mich nicht nur Orgasmen haben, sondern gleich das ganze Nirwana erleben. Und genau das lässt mich, wenn es mit meinem Gegenüber passt, »gut im Bett« sein. Weil ich mich vergesse, weil ich verschmelze mit dem Fleisch der*des anderen, statt mich mit meinem eigenen zu beschäftigen. Je älter ich werde, desto entspannter werde ich mit alldem.

Doch weder sieht man mir das an, noch entspricht es der Norm. Während Männer mir immer wieder erzählen, dass sie ihre eigene Attraktivität erst jenseits der Dreißig oder sogar Vierzig entdeckten, passiert bei Frauen das genaue Gegenteil: Je älter sie werden, desto ranziger fühlen sie sich. Schon möglich, dass man noch eine Weile als MILF durchgehen kann, aber auch das nur mit den richtigen Proportionen und dem unbedingten Willen, einen auf sexyhexy zu machen. Haare zu färben, Falten wegschminken, ab 18 Uhr nichts mehr essen. Und wenn das, sagen wir mal, nach fünfzig vorbei ist, dann ist's halt auch wirklich vorbei, da nützt auch das weltteuerste Cellulite-Gel nicht mal mehr intravenös was. Hat hier also irgendwer ein Problem mit Selbstwahrnehmung?

Nö. Auch hier sind mal wieder Doppelstandards im Spiel. Während der weibliche Körper am besten für immer sechzehn bleibt, können Männer in jedem verdammten Lebensabschnitt als heiß wahrgenommen werden, und mit fortschreitendem Alter sogar noch ein Quentchen mehr. Es ist normal für uns, dass Männer altersmäßig gerne mal ganz nach unten greifen und Frauen ganz nach oben. Ach was, altersmäßig. Worum es letzten Endes geht, sind Geld und Status – Dinge eben, die in unserer Gesellschaft für einen Mann wesentlich leichter zu erreichen sind als für eine Frau.[33] Willkommen im Patriarchat!

Genau genommen bin ich ja selbst so ein Fall: Mein Mann ist 18 Jahre älter als ich. Kohle und Macht gehören zwar nicht zu seinen Markenzeichen, aber dafür brachte er etwas mit, das jeder andere Typ damals vermissen ließ: Er war mir von Anfang an ein guter Partner – der beste meines Lebens. Mag sein, dass das an seinem fortgeschrittenen Alter lag, meine Hand dafür ins Feuer legen würde ich aber nicht: So krass kann sich eine Persönlichkeit nicht im Laufe eines Lebens verändern. Natürlich war es trotzdem kein blanker Zufall, dass er der Ältere war und ich die Jüngere. So war es in meinen Beziehungen immer gewesen, andersherum war es nicht denkbar. Aber warum eigentlich nicht? Warum wirkt die Liebe zwischen ei-

33 Und wenn eine Frau dann doch mal aus eigenen Kräften an Geld und Status gelangt, gilt sie als schwer vermittelbar.

ner älteren Frau und einem wesentlich jüngeren Mann auf viele so verdammt lächerlich im Vergleich zur umgekehrten Konstellation? Beliebiger alter Sack, Beispiele gibt es genug, ehelicht Zwanzigjährige: Klaro! Hottie Emmanuel Macron denkt nicht im Traum daran, die 25 Jahre ältere Brigitte gegen eine Jüngere einzutauschen: WTF? Als Donald Trump ihr 2017 bei einem Frankreichbesuch öffentlich »such a good shape« attestierte (übersetzt: gut für ihr fortgeschrittenes Alter), echauffierte sich zwar alle Welt. Doch wenn wir ehrlich sind, sprach der Volltrottel nur aus, was eh alle dachten: Warum gibt sich jemand, besser gesagt: ein Mann, mit einer alten faltigen Feige zufrieden, wenn er ebenso gut eine frische saftige haben kann?

»Nach vierzig bekommen Frauen oft so etwas Angestrengtes«, behauptete letztens ein Bekannter. Wenn aber auch nur ein My an dieser Unverschämtheit von Aussage dran sein sollte, dann liegt das nicht etwa daran, dass Frauen sich mit der Zeit automatisch in verbitterte Kackbratzen verwandelten. Sondern dass für sie ab einem gewissen Punkt Schluss ist mit lustig, während es für Männer immer nur bergauf geht. Nicht umsonst beklagen sich ganze Heerscharen von Frauen in den für einen Mann angeblich besten Jahren darüber, mit einem Mal unsichtbar zu werden; im Job, im Restaurant, beim Flirten.[34]

Beobachtungen in meinem Umfeld zeigen: Versuch mal als Mittvierzigerin, einen Partner zu finden – du kannst auch gleich den Kopf in die Kloschüssel stecken und die Spülung gedrückt halten, schöner wird's nicht. Oder wie der frisch geschiedene Vater einer Freundin seine Suche nach jemandem im Alter seiner Tochter erklärte: »Ich bin doch nicht gerontophil!«

Der Fairness halber sei hier noch erwähnt, dass durchaus auch ältere Herren sich bei mir beklagen. So leicht wie früher gehe das auch bei ihnen nicht mehr mit dem Flirten: Wo früher heiße Girls

34 Von Bascha Mika gibt es sogar ein ganzes Buch dazu: *Mutprobe. Frauen und das höllische Spiel mit dem Älterwerden.*

Spalier gestanden hätten, fiele inzwischen nur mit viel Glück hier und da mal eine ab. Die Armen! Komisch nur, dass es so wenigen von ihnen einfällt, einfach mal die angestrengt guckenden Frauen in ihrem eigenen Alter happy zu machen. Vielleicht kann man denen nicht so leicht imponieren, vielleicht geben sie einem nicht das Gefühl, selbst jung und knackig zu sein. Ist man aber auch verdammt noch mal nicht mehr, da kann man noch so viel Viagra saufen. Am Ende ist nämlich genau das der Knackpunkt des alten Mannes: Egal, wie sehr unsere Gesellschaft seine Reife aufwertet – er wird nie mehr vögeln können wie ein junger Gott. Sein Schwanz wird nicht mehr so hart wie früher oder er erschlafft mittendrin womöglich ganz, zwischen seinen Orgasmen muss er sich lange erholen, und seine Lust wird ohnehin immer theoretischer.

Das muss kein K.-o.-Kriterium sein. Aber warum noch mal gelten Frauen, die bis zur Besinnungslosigkeit kommen können, und das bis ins biblischste aller Alter hinein, dem älteren Mann gegenüber nicht als sexuell überlegen? Ja nicht einmal als gleichwertig? Richtig. Die Antwort hierauf kennen wir.

Überhaupt aber muss das mit dem Sex nicht so früh vorbei sein, wie wir denken. Oft fängt der wahre Spaß nämlich genau da an, wo uns Performance-Druck und Körperstress nicht mehr tangieren. David Schnarch, Sexologe und Autor von *Die Psychologie sexueller Leidenschaft,* unterscheidet zwischen »Geschlechtsreife« und »sexueller Reife«: Nur, weil wir physisch in der Lage sind, Sex oder einen Orgasmus zu haben, heißt das noch lange nicht, dass wir wirklich erfüllte Schäferstündchen erleben. Seiner Meinung nach können wir das volle Potenzial unserer Sexualität sowieso erst mit fortschreitendem Alters ausschöpfen. »Zwischen Cellulite und leidenschaftlichem Sex besteht ein enger Zusammenhang«, findet Schnarch. »Starkstromsex« nennt er diese Art der Fortgeschrittenen-Vereinigung. Und ab sechzig geht es seiner Erfahrung nach dann erst so richtig ab. Jedenfalls wenn wir es schaffen, unser Sexleben nicht zu begraben, nur weil unsere Körper mehr Erregung und Stimulation als früher brauchen, um in Fahrt zu kommen. Als Belohnung winken überirdische Empfindungen und ungeahnte Orgasmen.

An dem Punkt wäre ich ja bereits angekommen. Wie soll es dann erst werden, wenn ich auf die Rente zugehe? Herzinfarkt beim Koitus? Was für ein männlicher Abgang. Aber dann wenigstens mit einem um dreißig Jahre jüngeren Geliebten. Es wird auch echt mal Zeit, den Spieß umzudrehen. Ich sollte dringend über eine Altersquote nachdenken, denn ältere Typen hab ich mir eh schon viel zu oft gegönnt. Bleibt nur noch die Frage, ob die Jüngeren mich mit ihren straffen Ärschen überhaupt noch angucken werden. Vielleicht habe ich dann ohnehin so etwas Angestrengtes im Blick, dass es selbst jemand Gleichaltrigem wie Marc schwerfallen wird, sich beim Sex auf mein Gesicht zu konzentrieren.

Vielleicht aber hat die Welt sich bis dahin auch geändert. Siebzigjährige Frauen leiten dann genauso selbstverständlich Konzerne, wie alte Männer es tun, Professorinnen müssen beim Dating ihren Beruf nicht verschweigen, im Streit mit der Handwerksfirma muss keine mehr ihren Gatten vorschicken, Belohnungs-Podiumsgirls bei der Formel 1 sind genauso abgeschafft wie Puffbesuche bei Vertragsabschluss, und graue Schläfen an reifen Mittvierzigerinnen stehen nicht nur für Erfahrung und Reife, sondern sind auch einfach nur: hot, hot, hot.

Was denn? Man wird ja wohl noch träumen dürfen.

Fummeln erlaubt

Was meine Kinder über Sex lernen, noch bevor sie wissen, dass es ihn gibt.

Meine komplette Verwandtschaft findet ja, meine Kinder kennen keine Grenzen. Manchmal bleiben ihre Haare über Wochen ungekämmt. In die Dusche müssen sie nicht, wenn sie nicht wollen. Kleider für Jungs und Fußballtrikots für Mädchen sind bei uns okay. Und wenn sie ihren Penis in die Länge ziehen oder ihre Mumu untersuchen wollen, dann machen sie das ungeniert vor unser aller Augen. Wenn sie noch klein sind jedenfalls, da muss ich fair sein. Ab dem Schulalter ungefähr fängt das dann an, dass man nicht mehr wie der*die letzte Vollidiot*in dastehen will. Mit anderen Worten: Es verwächst sich.

Aber wenn man Kinder nicht daran hindert, machen sie so etwas – und noch ganz andere Sachen. Wir Erwachsenen wissen das. Aber aushalten können wir das kaum. »Finger weg!«, »Hand aus der Hose!«, »Fass dich da nicht an!«, zischen Eltern ihren kleinen Mädchen und Jungs zu. In der Öffentlichkeit, damit niemand denkt, die Kinder wären pervers. Und zu Hause, damit die sich das gar nicht erst angewöhnen.

Selbst ich muss mich manchmal ganz schön zusammenreißen, um meine Kinder nicht mit Stempeln wie »übergriffig« oder »exhibitionistisch« zu versehen. Dass sie ihre Körper erkunden wollen, okay. Aber können die das nicht bitte jede*r für sich in seinem*ihrem Zimmer machen? Wir können noch so sehr wissen, dass man die Maßstäbe, die für das Verhalten von Erwachsenen gelten, nicht auf Kinder übertragen kann. Trotzdem macht unser Kopf, da können wir noch so aufgeklärt und sex-positiv sein, die ganze Zeit nichts anderes. Sexualität macht uns auch so schon Angst genug. Und mit der unserer Kinder wollen wir dann erst recht nichts zu tun haben.

Wir sind daran gewöhnt, uns für unsere Körper zu schämen. Dinge, auf die wir Bock haben, als unpassend zu empfinden. Unser Begehren zu unterdrücken. Das haben wir schon als kleine Kinder gelernt. Bei mir selbst vergingen ganze Dekaden, ehe ich mich auch nur ansatzweise von dieser Erziehung zur Sittlichkeit erholt hatte. Ehe ich kapierte, dass das, was ich zwischen den Beinen habe, nichts Schlimmes ist. Dass ich ein Recht auf meine körperlichen Bedürfnisse habe. Dass Sex verdammt geil ist. Etwas, worüber man reden kann. Und muss. Gleichzeitig kenne ich so viele erwachsene Männer und Frauen, die sich das noch immer nicht trauen. Die keinen Ausdruck für ihre Bedürfnisse finden. Oder ihren eigenen Körper nicht spüren.

Und darum lassen mein Mann und ich unsere Kinder einfach machen, wenn sie pimmeln, fummeln oder sich den Finger in den Po stecken wollen. (»Aber bitte Händewaschen hinterher, ja? Du weißt schon, Darmbakterien.«)

Wenn sie wissen wollen, wie das ist mit Pimmel-in-Muschi, dann bekommen sie das erklärt. Genauso, wie sie die Frage beantwortet bekommen, wie es wohl zwei Frauen oder Männer miteinander machen. Schließlich gibt es in unserem Umfeld auch homosexuelle Paare, da kann man schon mal neugierig werden.

Wenn uns nach Knutschen ist, dann machen wir das auch vor den Kindern. Manchmal rufen sie: »Iiieeeh, ihr seid eklig!«, meistens werfen sie sich vor lauter Eifersucht einfach dazwischen. Aber wenigstens bekommen sie eine Idee davon, dass Erwachsene sich manchmal auch ganz schön lecker finden.

Wir verstecken unsere Nacktheit nicht, da kann sich jede*r alles angucken, was ihn*sie an uns interessiert (»Ja genau, alle Hoden werden irgendwann so haarig, und keine Sorge, das ist normal, wenn eine Brust etwas größer ist als die andere«). Wenn wir schon nichts dagegen tun können, dass sie als Dreizehnjährige Pornos glotzen, werden sie immerhin wissen, wie die Geschlechtsteile von normalen Menschen aussehen. Sie sehen die Kondome im Badschrank und mich mit dem Blut in meiner Menstruationstasse hantieren. Sogar Anfassen ist manchmal okay. Jedenfalls wenn es keine persönliche Grenze von uns verletzt.

Und genau an diesem Punkt hat meine Verwandtschaft Unrecht: Natürlich gibt es Grenzen für unsere Kinder. Nur stellen wir die nicht nach dem »Macht man nicht«-Prinzip auf, sondern nach der feministischen Maxime »Mein Körper gehört mir«. Wenn eins der Kinder sich partout nicht kämmen lassen will, muss es eben mit dem Filz auf seinem Kopf leben – uns anderen kann das piepegal sein. Stört sich aber ein Geschwisterkind an einem entblößten Geschlechtsteil, dann hat der*die andere kleine Schelm*in seine*ihre Hose wieder zuzumachen. Wenn irgendwer mal wieder sagt, er*sie würde uns Eltern nur allzu gern mal beim »Sexen« zugucken, dann sagen wir halt: »Sorry, geht nicht.« Kleine Spanner*innen können wir im Schlafzimmer nämlich echt nicht gebrauchen. Und wenn es Stress zwischen den dreien gibt, versuchen wir, nicht gleich »Halt, Stopp!« brüllend dazwischenzuspringen. So lernen sie, selbst zu spüren, wenn ihnen etwas zu viel wird, zu sagen, was Phase ist, und Dinge auszuhandeln. Manchmal ist es gar nicht so leicht, sich rauszuhalten, wenn jemand seine*ihre körperliche Überlegenheit ausnutzt. In den allermeisten Fällen aber kriegen sie das selbst sehr gut in den Griff. Ich würd meine Mutter drauf verwetten, dass das vor allem deswegen so ist, weil sie das miteinander üben dürfen.

Nur in einem einzigen Moment in meiner Karriere als sex-positive Frau und Mutter habe ich bisher ernsthaft gehadert. Als meine älteste, inzwischen elfjährige Tochter vor ein paar Jahren zufällig herausfand, dass mein Mann und ich eine offene Beziehung führen.

Geschlechtsteile und Sex, schön und gut, aber zusätzliche Affären oder Partner*innen – wie bitte sollten wir das erklären? Würde es sie nicht schrecklich verunsichern? Schließlich wachsen unsere Kinder einerseits mit dem Idealbild der ewigen Treue auf, andererseits trennen sich vor ihren Augen Elternpaare am laufenden Band, und dann auch noch meist, weil eine*r fremdgegangen ist oder sich in jemand anderen verguckt hat.

Doch weil Totschweigen noch nie eine echte Option war, packten wir aus. Erklärten, dass wir unsere Beziehung nach unseren eigenen Spielregeln leben wollen. Dass das, was wir mit anderen erleben, nichts an unserer Liebe füreinander ändert. Und dass Trennung das wirklich Letzte ist, was wir für uns wollen.

Wie wir feststellen sollten, verunsicherte unser Beziehungsmodell unsere Kinder genauso viel oder wenig, wie individuelle Familienkonstellationen das eben tun. Inzwischen ist die Tatsache, dass ich und mein Mann auch Dates oder Affären mit anderen haben, nicht mehr der Rede wert. Unsere Kinder spüren, dass wir uns weder selbst noch gegenseitig in unserer Sexualität und Gefühlswelt beschränken wollen. Dass das alles einvernehmlich läuft. Dass wir über alles reden können. Und dass wir uns lieben. Ich finde, damit geben wir ein gar nicht mal so schlechtes Beziehungsbeispiel ab.

Trotzdem forderten, als ich letztens einen Text darüber veröffentlichte, wie ich meinen Kindern die offene Beziehung erkläre, irgendwelche Vollpfosten im Internet, man möge doch bitte das Jugendamt informieren: Die Kinder würden bei uns immerhin schwer traumatisiert. Wer aber meint, dass solche Themen Kinder überfordern oder gar »frühsexualisieren«, liegt total daneben – zumindest wenn man das Tempo den Kindern überlässt. Junge Menschen haben nun mal Fragen, das liegt in ihrer Natur, und alles, was wir tun müssen, ist, diese Fragen ehrlich zu beantworten. Was nicht bedeutet, dass man auf »Was ist eigentlich ›Doggy‹?«[35] mit der Aufzählung aller physiolo-

35 Danke, Katja Krasavice, einfach nur: Danke!

gisch möglichen Sexstellungen inklusive der Wahrscheinlichkeit von G-Flächen-Stimulation reagiert. Oder auf »Bist du verliebt in deinen Freund?« mit »Ja, wie verrückt, und außerdem hat er mich letztens auf der Zugtoilette geknallt«. Informationen, nach denen nicht verlangt wird, kann man ruhig stecken lassen. Nachfragen sind schließlich immer noch möglich. Und die werden, wenn der richtige Zeitpunkt da ist, noch kommen. So viel kann ich jetzt schon verraten.

Niemand sagt, dass Ehrlichkeit das Elternleben einfacher macht. Blümchen und Bienchen sind nicht halb so bedrohlich wie schwellende Schwänze und blutende Vulven, selbst für uns Erwachsene. Aber was soll's. Augen zu und durch! Denn was auf lange Sicht noch viel bedrohlicher für Kinder ist, sind Eltern, die unehrlich sind oder sich in Halbwahrheiten verlieren. Die ein Klima schaffen, in dem Fragen gar nicht erst gestellt werden. Die so tun, als seien ihre eigenen und die Körper ihrer Kinder irgendetwas Obszönes.

Und nein, Kinder, die über ihr Geschlecht reden und damit spielen dürfen, verwandeln sich nicht in dauergeile Sex-Monster. Im Gegenteil: Es ist Unterdrückung, die zu Obsessionen und grenzüberschreitendem oder gewalttätigem Verhalten führt, wie wir immer wieder in Kulturen mit restriktiver Sexualmoral beobachten können. Hierzulande bewies wiederum die #metoo-Debatte, dass auch wir in der westlichen Welt nicht viel weiter sind. Kein Mensch, der eine entspannte Einstellung zu seiner Sexualität hat, hat ein Interesse daran, übergriffig zu werden. Und andersherum wird ein gesundes Verhältnis zu sich und dem eigenen Körper helfen, nach einem möglichen Übergriff nicht jahrelang vor lauter Scham die Klappe zu halten.

Nein, wir sind noch lange nicht sexuell befreit. Aber Reden soll ja helfen. Und am besten fangen wir damit gleich bei unseren Kindern an.

Meine älteste Tochter schämt sich wie verrückt für ihre jüngeren Geschwister (ich sag ja, es verwächst sich). Und für mich schämt sie sich auch. »Hast du denn keine anderen Themen, über die du schreiben könntest?«, fragt sie manchmal. »Grad nicht«, sage ich dann, denn über Sex ist halt noch lange nicht genug geschrieben worden. Dafür ist sie in anderen Momenten überglücklich, dass wir über wirklich alles reden können.

Neulich saß ich mit ihr auf dem Badewannenrand. Beiläufig zählte sie ihre ersten Schamhaare. »Schau, hier wächst ein neues«, sagte sie schließlich und zeigte auf die Stelle.

Es war das Normalste auf der Welt für sie, das mit mir zu teilen.

Ganz so, wie es sein sollte.

Ich hab viel getrunken in letzter Zeit. Natürlich nicht *zu* viel, gerade so an der Grenze halt. Aber auch genug, um dieses hier mein letztes Glas Wodka für sehr, sehr lange Zeit bleiben zu lassen. So ist es, das russische Herz. Es betäubt Schmerz mit Prozenten, das kennt es nicht anders, nicht von Vätern, nicht von Großmüttern. Inzwischen saufen sie nur noch Cognac da drüben, als Beweis ihrer Kultiviertheit. Aber ich hier im Westen, ich bleibe beim Wodka. Wie jede*r gute*r Immigrant*in beharre ich auf Tradition.

Es war mir kein Leichtes, in all den alten Gräbern rumzuwühlen, zwischen Knochen zu stochern und in halbverwesten Gedärmen. Viele von ihnen hatte ich jahrelang nicht besucht, manche für Halluzinationen erklärt, für Nachwirkungen von jugendlichem Drogenkonsum oder schlicht für Nebenwirkungen des Lebens.

Jetzt sind sie alle hier, sichtbar für die Welt. Ich hab mich umgestülpt, die Innenseite liegt jetzt außen; rohes Fleisch, dem ihr entgegenblickt. Ganzkörper-Achillesferse sozusagen. Wollte man mich an meiner empfindlichsten Stelle treffen, müsste man nicht mal besonders gut zielen können.

Aber da ist keine Angst. Nicht mehr, jedenfalls. Je öfter man nackt ist, desto weniger schämt man sich – altes FKK-Gesetz (oder so). Je weniger Geheimnisse, desto mehr Freiheit. Zugegeben, was die angeht, bin ich noch lange nicht da, wo ich sein will. Aber ich bin auf der Zielgeraden. Und meine Wachstumsschmerzen, die gehören dazu. Das wusste schon die US-amerikanische Feminismus-Ikone Gloria Steinem: »The truth will set you free – but first it will piss you off.« Und genau das wünsche ich mir für uns alle.

Dank

Es gibt da einen Typ, der wusste gleich, dass wir die Richtigen füreinander sind. Er heißt Marcel Hartges und ist mein Agent. Ich glaube nicht, dass es einen besseren geben kann. Also Danke, Marcel, für alles.

Bei DuMont habe ich mich auf der Stelle in alles und jede*n schockverliebt (wie können nur so viele nette Menschen auf einem einzigen Haufen arbeiten?) – ganz besonders aber in meine Lektorin Tanja Rauch. Ich hätte nie gedacht, dass Lektoriert-Werden so schön sein kann. Danke, Tanja, für all deine Anmerkungen, fürs Bestärken und Dasein. Für deinen Bock auf dieses Buch.

Philip Wolff möchte ich fürs charmante Wegbereiten danken, denn mit dem *Playboy*-Text »Ich und sie« fing schließlich alles an.

Bei *jetzt* ging es dann weiter mit »Untenrum«. Chris Helten, Patrick Wehner und Nadja Schlüter – ohne euch wäre alles nur halb so gut geworden!

Danke an all die Leser*innen, die mir in dieser Zeit haben die Postfächer explodieren lassen. Dafür, dass ihr eure Geschichten erzählt habt, dass ihr mein Antrieb wart und mein Korrektiv. Ich hab viel von euch gelernt. Und von dir, Julia, will ich immer weiterlernen. Wie gut, dass du geblieben bist.

Anna Jungen und Julia Voegelin vom SRF haben mich vor einer Weile für ein Radio-Feature über die weibliche Lust interviewt. Es hatte den perfekten Titel: »Sie hat Bock«. Was für ein Glück, dass sie ihn mir vermacht haben!

Danke an Sonia Flöckemeier für »Warum sollte das nicht gehen?«, Frank Berzbach fürs Goethe-Zitieren in finsteren Zeiten, Charlotte Roche fürs Vorbild-Sein, und das schon seit zwanzig Jahren. Miriam, Julia und Yvonne dafür, dass ich euch mit unzähligen Titel-Ideen und Cover-Entwürfen auf die Nerven gehen durfte. Irene für das rettende »Dann schreib doch einfach!«, Lily für jeden einzelnen Life-changing-Gedanken (und das waren viele), Johanna für den Feminismus, Maria für unser Happy End und Anna für all die Liebe.

Lucas, du hast dieses Baby von vorne bis hinten begleitet. Erst vom Sofa aus zugesehen, wie ich den ersten Text dafür schrieb, und am Ende Nachtschlaf, Dates und alle deine Post-it-Stapel geopfert. Danke, dass ich dir jedes Detail mindestens elf Mal erzählen durfte. Und dafür, dass du mir so ein guter Freund bist.

Mama und Philipp, ihr Babynator*innen: Danke fürs Einspringen, wann immer es eng wurde! Und meiner Erstgeborenen Vera dafür, dass du mir so eine kluge Beraterin bist. Es ist mir eine riesige Ehre, mein Buch mit dir beenden zu dürfen.

Ich fürchte ja, diese Liste ist nicht ganz vollständig. Falls das tatsächlich stimmen sollte: Es tut mir leid! Es ist schon spät, und ich muss für den Geburtstag meines Sohnes noch eine Torte in Form eines Geheimagent*innen-Hauptquartiers backen. Ich bin mir sicher, Ihr versteht mein Drama. (Außerdem bin ich bereit, alles wiedergutzumachen, sobald ich wieder Alkohol trinke. Ihr wisst schon, wie.)

Nur eines noch: Auch wenn das mit dem Geburtstagstorten-Backen vielleicht für immer mein Job bleiben wird – mein Mann Christian ist trotzdem die bessere Mutti von uns beiden. Danke, dass ich mit dir meine feministische Utopie leben darf. Dass du mich in jeder meiner Entscheidungen bekräftigst und meine Erfolge feierst, als wären es deine eigenen. Wärst du nicht gewesen, ich hätte nie angefangen zu schreiben. Lass uns doch einfach noch ne Weile zwei wie Pech und Schwefel sein, okay?

Zum Nachlesen

Bergner, Daniel: *Die versteckte Lust der Frauen. Ein Forschungsbericht.* btb, 2015.

Bossong, Nora: *Rotlicht*. Hanser, 2017.

Brochmann, Nina und Støkken Dahl, Ellen: *Viva la Vagina! Alles über das weibliche Geschlecht*. S. Fischer, 2018.

Despentes, Virginie: *King Kong Theorie*. KiWi Taschenbuch, 2018.

Easton, Dossie und Hardy, Janet W.: *Schlampen mit Moral. Eine praktische Anleitung für Polyamorie, offene Beziehungen und andere Abenteuer*. mvg Verlag, 2014.

Emcke, Carolin: *Ja heißt ja und …* S. Fischer, 2019.

Ermann, Michael: *Identität und Begehren. Zur Psychodynamik der Sexualität*. Kohlhammer, 2019.

Flaßpöhler, Svenja: *Die potente Frau. Für eine neue Weiblichkeit*. Ullstein, 2018.

Illouz, Eva: *Die neue Liebesordnung. Frauen, Männer und Shades of Grey*. Suhrkamp, 2013.

Illouz, Eva: *Warum Liebe weh tut. Eine soziologische Erklärung*. Suhrkamp, 2016.

Konrad, Sandra: *Das beherrschte Geschlecht. Warum sie will, was er will*. Piper, 2017.

Méritt, Laura: *Frauenkörper neu gesehen. Ein illustriertes Handbuch*. Orlanda, 2012.

Mika, Bascha: *Mutprobe. Frauen und das höllische Spiel mit dem Älterwerden*. btb, 2015.

Penny, Laurie: *Fleischmarkt. Weibliche Körper im Kapitalismus*. Edition Nautilus, 2012.

Penny, Laurie: *Unsagbare Dinge. Sex, Lügen und Revolution*. Edition Nautilus, 2015.

Richardson, Diana: *Zeit für Weiblichkeit. Der tantrische Orgasmus der Frau*. Innenwelt Verlag, 2012.

Roche, Charlotte: *Schoßgebete*. Piper, 2013.

Rosales, Caroline: *Sexuell verfügbar*. Ullstein fünf, 2019.

Ryan, Christopher und Jethá, Cacilda: *Sex. Die wahre Geschichte*. Klett-Cotta, 2019.

Sanyal, Mithu M.: *Vulva. Die Enthüllung des unsichtbaren Geschlechts*. Verlag Klaus Wagenbach, 2017.

Schnarch, David: *Die Psychologie sexueller Leidenschaft*. Klett-Cotta, 2019.

Stokowski, Margarete: *Untenrum frei*. Rowohlt, 2018.

Strömquist, Liv: *Der Ursprung der Welt*. avant, 2017.

Valenti, Jessica: *He's a Stud, She's a Slut, and 49 Other Double Standards Every Woman Should Know*. Seal Press, 2008.

Windmüller, Gunda: *Weiblich, ledig, glücklich – sucht nicht. Eine Streitschrift*. Rowohlt, 2019.

Bildnachweis

Umarmung: plainpicture p9790823 © plainpicture/neuebildanstalt/Dott
Frau mit Hut: Istock 514588365 © PeopleImages/istockimages
Julius Schnorr von Carolsfeld, Adam und Eva, 1873, Adobe Stock 107525712 © ruskpp /Adobe Stock
Grapefruit: Shutterstock 1357898732 © Andrii Zastrozhnov/Shutterstock
Katja Lewina © privat
Pioneer-Plakette, 1972
Frau mit blutigem Slip: Adobe Stock 174074123 © Vera Lair/Stocksy/Adobe Stock
Frau unter Baum: plainpicture p1245m1043402 © plainpicture/Catherine Minala
Klitoris-Schema © Katja Lewina
Gustav Klimt, Liegender Halbakt (masturbierend), 1912-13, Photo © Fine Art Images / Bridgeman Images
Bettie Page, American model and pin up, ca. 1955 © Bridgeman Images
Brötchen: Adobe Stock 132014093 © PhotoSG /Adobe Stock
Katja Lewina © privat
Skulptur: Adobe Stock 195006118 © neurobite /Adobe Stock
Katja Lewina © Lucas Hasselmann
Vernon Blake (1888-1937), Kuss
Mund: Foto © Javier Garceche